AF383618

LÉON BOURGEOIS

Solidarité

CINQUIÈME ÉDITION

Librairie Armand Colin
Paris, 5, rue de Mézières

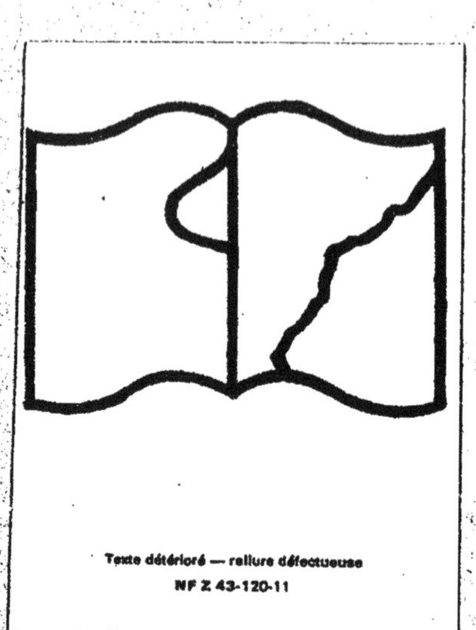

Texte détérioré — reliure défectueuse
NF Z 43-120-11

SOLIDARITÉ

Léon BOURGEOIS

SOLIDARITÉ

CINQUIÈME ÉDITION

PARIS
LIBRAIRIE ARMAND COLIN
5, RUE DE MÉZIÈRES, 5
1906

AVERTISSEMENT DES ÉDITEURS

POUR LA TROISIÈME ÉDITION

Nous croyons devoir ajouter à cette 3e édition
de *Solidarité* le rapport présenté par M. Léon
Bourgeois au Congrès d'Éducation Sociale de
l'année 1900, et un compte-rendu des discussions qu'il a eu à soutenir dans deux séances
de ce Congrès.

Il nous a paru intéressant de compléter, par
ces Appendices, le livre qui a été sur le point de
départ de sa doctrine, afin qu'on puisse se
rendre compte des développements nouveaux
qu'elle a pris dans l'espace de quelques années.

SOLIDARITÉ

Le mot de *solidarité* n'est entré que depuis peu d'années dans le vocabulaire politique. Au milieu du siècle, Bastiat et Proudhon ont bien aperçu et signalé les phénomènes de solidarité « qui se croisent » dans toutes les associations humaines. Mais aucune théorie d'ensemble ne s'est dégagée de ces observations[1] ; le mot, en tout cas, ne

[1]. Il faut citer toutefois le livre de P. Leroux *de*

fit pas fortune, et Littré, en 1877, ne donne encore de ce terme, en dehors des acceptions juridique et physiologique, qu'une définition « de langage courant », c'est-à-dire sans précision et sans portée : « c'est, dit-il seulement, la responsabilité mutuelle qui s'établit entre deux ou plusieurs personnes ».

Aujourd'hui, le mot de *solidarité* paraît, à chaque instant, dans les discours et dans les écrits politiques. On a semblé d'abord le prendre comme une simple variante du troisième terme de la

l'Humanité, 1839. Mais ce livre, célèbre en son temps, ne semble pas avoir eu d'action sur les générations suivantes. Le Comité organisé par le parti démocratique pour les élections de 1849 s'appelait *la Solidarité républicaine*, et avait Jean Macé pour secrétaire.

devise républicaine : fraternité. Il s'y substitue de plus en plus ; et le sens que les écrivains, les orateurs, l'opinion publique à son tour, y attachent, semble, de jour en jour, plus plein, plus profond et plus étendu.

N'y a-t-il qu'un mot nouveau et comme un caprice du langage ? Ou ce mot n'exprime-t-il pas vraiment une idée nouvelle, et n'est-il pas l'indice d'une évolution de la pensée générale ?

CHAPITRE PREMIER
Évolution des idées politiques et sociales.

———

I

La notion des rapports de l'individu et de la société s'est profondément modifiée depuis un quart de siècle.

En apparence, rien n'est changé. Le débat continue dans les mêmes termes entre la science économique et les écoles socialistes; l'individualisme et le collectivisme s'opposent toujours l'un à l'autre, dans une antithèse que les événements politiques rendent plus évidente, plus saisissante que jamais.

En France et hors de France, les questions de politique pure cèdent le pas aux discussions sociales, et les succès électoraux des divers groupes socialistes, en Allemagne, en Belgique, en France, ailleurs encore, permettent d'annoncer l'heure prochaine où, dans les assemblées, les majorités et les minorités se grouperont exclusivement sur le terrain de la lutte économique, et prendront pour unique mot d'ordre la solution « libérale » ou « socialiste » du problème de la distribution de la richesse.

Mais, comme il est habituel, l'état des partis ne traduit qu'imparfaitement

l'état des esprits. Les partis sont toujours en retard sur les idées ; avant
qu'une idée se soit assez répandue pour
devenir la formule d'une action collective, l'article fondamental d'un programme électoral, il faut une longue
propagande ; quand les partis se sont
enfin organisés autour d'elle, bien des
esprits ont déjà aperçu ce qu'elle con-
tenait d'incomplet, d'inexact, en tous
cas de relatif, et une vue nouvelle
s'ouvre déjà, plus compréhensive et
plus haute, d'où naîtra l'idée de demain,
qui sera à son tour la cause et l'enjeu
de nouvelles batailles.

C'est ainsi qu'entre l'économie politique classique et les systèmes socialistes une opinion s'est formée lente-

ment, non pas intermédiaire, mais supérieure ; une opinion conçue d'un point de vue plus élevé, d'où la lumière se distribue plus également et plus loin. Il ne s'agit pas, bien entendu, d'une tentative de transaction entre les groupes et les partis, d'une opération de tactique politique. Ce n'est pas entre les hommes, mais entre les idées, qu'un accord tend à s'établir ; ce n'est pas un contrat qui se prépare, c'est une synthèse.

Cette synthèse n'est pas achevée. Il y a une doctrine déjà en possession de ses procédés de recherche et de raisonnement, maîtresse de son but et de ses moyens ; il n'y a pas un système arrêté, donnant sur tout des conclusions.

Comment en serait-il autrement ? Ce

n'est l'œuvre de personne en particulier, et c'est l'œuvre de tout le monde.
Il y a là une manière de penser générale, dont on trouve la trace un peu
partout, chez les lettrés comme chez
les politiques, dans les œuvres écrites
des philosophes comme dans les œuvres
vécues des hommes d'État, dans les
institutions privées et dans les lois, aussi
bien chez les peuples latins que chez les
Anglo-Saxons ou les Germains, aussi
bien dans les États monarchiques que
dans les démocraties républicaines.

Cette doctrine n'a pas reçu d'emblée
un de ces noms éclatants qui s'imposent
d'abord, comme si leurs syllabes mêmes
contenaient la solution des problèmes.

Elle est, pour avoir un nom accepté

de tous, revendiquée à la fois par des partisans trop divers, venus de points trop éloignés de l'horizon philosophique et politique ; chacun pour son compte cherche à la rattacher à l'ensemble de ses doctrines antérieures. On la trouve professée par des socialistes chrétiens, et pour eux c'est l'application des préceptes évangéliques ; par certains économistes, et pour eux c'est la réalisation de l'harmonie économique. Pour quelques philosophes, c'est la loi « biosociologique » du monde ; pour d'autres, c'est la loi « d'entente » ou « d'union pour la vie[1] » ; pour les positivistes, c'est, d'un seul mot, « l'altruisme ».

1. Voir notamment FOUILLÉE, *la Propriété sociale et la démocratie ;* IZOULET, *la Cité moderne ;*

Mais pour tous, au fond, et sous des noms divers, la doctrine est la même, elle se ramène clairement à cette pensée fondamentale : il y a entre chacun des individus et tous les autres un lien nécessaire de *solidarité;* c'est l'étude exacte des causes, des conditions et des limites de cette solidarité qui seule pourra donner la mesure des droits et des devoirs de chacun envers tous et de tous envers chacun, et qui assurera les conclusions scientifiques et morales du problème social.

D'où peut venir, vers une même pensée, le consentement d'esprits si divers? On dirait, contre les barrières

Funck-Brentano, *l'Homme et sa destinée;* le journal *la Démocratie rurale,* etc.

des systèmes trop étroits, la conspiration d'une poussée universelle.

C'est que cette notion de la solidarité sociale est la résultante de deux forces longtemps étrangères l'une à l'autre, aujourd'hui rapprochées et combinées chez toutes les nations parvenues à un degré d'évolution supérieur : *la méthode scientifique* et *l'idée morale*.

Elle est le fruit du double mouvement des esprits et des consciences qui forme la trame profonde des événements de notre siècle ; qui, d'une part, tend à libérer les esprits des systèmes *à priori*, des croyances acceptées sans examen, et à substituer aux combinaisons mentales imposées par la tradition et l'autorité, des combinaisons dues à la libre recherche et soumises à une critique incessante; et qui, d'autre part, contraint les consciences à chercher, d'autant plus rigoureusement, en dehors des concepts sans réalité et des sanctions invérifiables, des règles de conduite dont le caractère obligatoire résultera simplement de l'accord du sentiment — mesure du bien — et de la raison — criterium du vrai.

C'est donc à des causes très générales et très profondes que ce qu'on commence déjà à appeler le mouvement *solidariste* doit son origine et sa force croissante. Le moment paraît venu de l'étudier avec suite et de montrer comment il tend déjà à renouveler l'aspect des études économiques et sociales.

II

Les économistes condamnent toute intervention de l'État dans le jeu des phénomènes de production, de distribution et de consommation de la richesse; les lois qui règlent ces phénomènes sont, disent-ils, des lois naturelles, auxquelles le législateur humain ne doit et d'ailleurs ne peut rien changer.

Philosophiquement, l'homme est libre; l'État doit se borner à lui garantir l'exercice de cette liberté dans la lutte pour l'existence, qui d'ailleurs est la

source et la condition de tout progrès.

La propriété individuelle est, comme
la liberté elle-même, un droit inhérent
à la personne humaine ; la propriété
individuelle n'est pas seulement une
conséquence de la liberté, elle en est
aussi la garantie ; ce caractère du droit
de propriété est donc absolu : c'est le
jus utendi et abutendi. Le droit de propriété de l'un ne peut être limité que
par le droit de propriété de l'autre. Sauf
le prélèvement de l'impôt, il n'y a point
de part sociale dans la propriété individuelle ; si la charité est un devoir et un
devoir impérieux, c'est un devoir purement moral.

Quand l'État a pris les mesures néces-

saires pour défendre la liberté et la propriété de chacun contre les entreprises
et les empiétements, il a accompli tout
son devoir et épuisé tout son droit.
Toute intervention qui dépasserait cette
limite serait à son tour, de la part de
l'État, une entreprise et un empiétement
sur la personne humaine.

Les socialistes exigent, au contraire,
l'intervention de l'État dans les phénomènes de la vie économique ; c'est
faute d'une législation sur la production
et la distribution de la richesse que,
malgré les conquêtes merveilleuses de
la science, le bien-être de l'immense
majorité des hommes n'a pas sensible-
ment augmenté ; bien plus, la transformation du monde par la science a rendu

la misère des uns d'autant plus cruelle qu elle se compare et se mesure à l'extraordinaire accroissement de la fortune des autres.

La thèse d'indifférence des écono mistes n'est, au fond, que la justification des excès de la force; dans la libre lutte pour l'existence, le fort détruit le faible : c'est le spectacle que nous offre l'indifférente nature. Est-ce pour en rester là que les hommes sont en société? Si la liberté humaine est un principe, le droit à l'existence en est un aussi, nécessairement antérieur à tout autre, et l'État doit le garantir avant tout autre.

Quant au droit de propriété, disent encore les socialistes, l'histoire nous le montre variable dans sa nature et dans ses limites; il n'est le prolongement de la liberté que s'il est en réalité le fruit de la liberté, et presque toujours il est, au contraire, né de l'injustice, soit directement par la conquête violente, soit indirectement par l'action usuraire du capital. De nos jours, plus que jamais, le travail, manifestation de l'activité et de la liberté personnelles, est impuissant à fonder la propriété, qui devient le privilège de ceux qui détiennent le capital.

L'État, dont la raison d'être est d'établir la justice entre les hommes, a donc le droit et, par conséquent, le devoir d'intervenir pour établir l'équilibre. L'égoïsme humain ne pouvant être vaincu

que par l'autorité, il imposera, au besoin par la force, la règle de justice et
assurera ainsi à chacun sa part légitime
dans le travail et dans les produits.

III

Telles sont les deux thèses dont les polémiques semblent, chaque jour, accuser davantage le caractère irréductible. Comment pourtant une harmonie semble-t-elle devenir possible entre ces « contradictoires » ? Comment la part de vérité scientifique et la part de vérité morale que contient chacune d'elles se dégagent-elles peu à peu et s'imposent-elles insensiblement à l'opinion, aux mœurs et aux lois ?

Vérité scientifique et vérité morale : c'est, en effet, avons-nous dit, par l'étroit accord de la méthode scientifique et de l'idée morale que le renouvellement des conceptions sociales se prépare et s'accomplira. Et cela, chose singulière, au moment même où certains écrivains proclament avec éclat le divorce définitif de la morale et de la science, et la banqueroute sociale de celle-ci.

La méthode scientifique pénètre aujourd'hui tous les ordres de connaissances. Les esprits les plus réfractaires viennent, tout en protestant, s'y soumettre peu à peu.

La vérité, dans le domaine sociologique, comme dans tous les autres, apparaît comme ne pouvant être obtenue que par la constatation impartiale des faits.

Les phénomènes économiques et sociaux obéissent, on le sait désormais, comme les phénomènes physiques, chimiques et biologiques, à des lois inéluctables. Les uns comme les autres sont soumis à des rapports de causalité nécessaires, que l'induction méthodique permet seule à la raison de connaître et de mesurer.

Les phénomènes sont ici plus complexes et l'observation en est plus difficile, l'expérimentation ne peut y être que rarement tentée ; mais la complexité des phénomènes et la difficulté de leur étude ne changent rien à la rigueur de leur enchaînement. On sent que toutes les théories subjectives et que toutes les généralisations du verbalisme philoso-

phique sont impuissantes à les expliquer
et à les régler.

Les lois sociales naturelles ne sont
que la manifestation, à un degré plus
élevé, des lois physiques, biologiques
et psychiques suivant lesquelles se développent les êtres vivants et pensants.

Il n'est pas de pouvoir politique assez
puissant pour décréter la bonne et la
mauvaise fortune, parce qu'il n'en est
pas qui puisse décréter la santé ou la
maladie, l'intelligence ou la déraison,
la paresse ou l'énergie, l'esprit d'ordre
ou de prodigalité, la prévoyance ou
l'insouciance, l'égoïsme ou le désinté-
ressement.

Tout ce qui sera tenté en dehors des
lois naturelles ou contre elles est donc

vain et condamné d'avance au néant.
Les systèmes des réformateurs recon-
struisant le monde social à l'image de
leur rêve, fût-ce d'un rêve de génie,
ont tout juste autant de réalité et de
chances de durée que le système de
Ptolémée.

Mais il ne suffit pas qu'une science
ait trouvé, pour être constituée, ses
méthodes et ses voies. Son objet, son
caractère, sa nature propre doivent être
clairement connus et définis. Or, le problème des rapports de l'homme et de la
société est d'une nature particulière. Ce
n'est pas une simple curiosité intellectuelle, c'est une nécessité morale qui le
pose devant nous ; ce n'est pas seulement une vérité de l'ordre intellectuel,

c'est une vérité de l'ordre moral qu'il a pour objet de dégager.

Les découvertes des sciences physiques n'ont pas seulement été pour l'homme un simple spectacle, lui donnant du monde une vue plus vraie ; elles lui ont permis de transformer la face de ce monde et de faire des forces de la nature, figures jusque-là voilées, déesses mystérieuses et redoutées, des esclaves soumises à sa volonté.

Ce que la découverte des lois du monde physique a permis de faire pour la transformation de la vie matérielle, la découverte des lois du monde moral et social doit le permettre pour la transformation de la vie sociale elle-même.

L'homme n'est pas seulement une

intelligence, qui par la science s'explique la nature ; il est en même temps une conscience.

Être de raison, il cherche le vrai ; être de conscience, il cherche le bien. Ce bien, il se sent obligé de le réaliser, et en lui-même — c'est la morale individuelle — et entre les autres êtres de de raison et de conscience semblables à lui, — c'est la morale sociale.

Il ne peut pas rester indifférent devant le drame social, il y est non pas spectateur seulement, mais acteur ; complice ou victime, si le drame se termine dans les larmes, dans la violence et dans la haine ; héros, si le dénouement s'achève dans la paix, dans la justice et dans l'amour. Une force intérieure, qui est la loi même de son espèce et de son être, l'avertit à toute heure et le mêle à l'action.

Certes, pendant bien des siècles, il a cru que le drame s'achèverait ailleurs, hors de cette vie, dans un monde où toutes les plaies seraient guéries, toutes les misères soulagées, toutes les fautes punies, tous les mérites glorifiés. Et il s'est, pendant de longs jours, résigné à attendre cette aurore qui ne pourrait éclairer ses yeux que lorsqu'ils seraient définitivement fermés. Mais cette résignation a fait place à l'impatience et au doute. Si cette justice d'après la mort n'était qu'un mirage, semblable à tant d'autres rêves que la science a dissipés?... Et la même impatience a gagné à la fois ceux qui souffrent et qui veulent obtenir, dès cette vie, leur part de bonheur, — et ceux qui pensent et qui cherchent, qui veulent voir se réaliser sous leurs yeux l'idéal vers lequel tendent leur raison et leur cœur.

C'est ainsi que, désormais, le problème est posé. La société ne peut rester indifférente au jeu fatal des phénomènes économiques. Certes, elle ne peut refaire le monde ; elle ne prétend point modifier, dans leur enchaînement, les causes et les effets, aussi nécessaires dans cet ordre que dans tout autre. Mais les forces psychiques, historiques, économiques, dont l'intelligence de l'homme a, par une attentive observation, découvert les ressorts, elle entend les asservir comme ont été asservies les autres forces naturelles, les mettre aux ordres de l'idée morale.

Et, pour formuler avec sûreté ce que cette idée morale signifie et exige, la science sociale va s'efforcer de résoudre, par la méthode commune à toutes les sciences, cette question des rapports de l'individu et de la société humaine. Elle laissera de côté les systèmes tout faits ; elle considérera comme des vues relatives et toujours revisables les combinaisons du droit, de l'histoire ou de la politique ; elle soumettra au criterium de la raison libre, aux vérifications de l'expérience, les institutions mêmes les plus anciennes et les plus vénérables ; elle cherchera, sous les formules, sous les entités traditionnelles, les seules réalités naturelles : réalités physiques, réalités intellectuelles, réalités morales, besoins, facultés, sentiment de l'être humain et de la race humaine ; elle ramènera tout, en un mot, à l'analyse de la personne humaine, être de passion, de raison et de conscience, non pas abstrait et créé d'un seul coup, mais né d'une suite d'ancêtres et soumis à leur hérédité, vivant dans un milieu avec lequel il est en relation de continuels échanges, enfin en évolution perpétuelle vers un type plus élevé de personnalité physique, intellectuelle et morale.

C'est ainsi que se détermineront les

conditions objectives, réelles, du meilleur équilibre à établir entre chacune de ces personnes humaines et tous les êtres semblables ; c'est ainsi que sera assurée la pacifique et continuelle évolution de chacun et de tous vers l'entier développement du type humain et de la société humaine.

IV

Ainsi se trouvent réunies les deux conditions du problème.

La raison, guidée par la science, détermine les lois inévitables de l'action; la volonté, entraînée par le sentiment moral, entreprend cette action.

Les socialistes — non pas ceux qui haïssent et qui prêchent la violence, mais ceux qui veulent la paix et qui aiment — ont raison de condamner l'indifférence et de poursuivre la guérison du mal; les économistes ont raison de soumettre aux règles de la science des faits toute tentative de remède.

A l'histoire, à la psychologie, à la statistique, à la politique expérimentale, à l'économie politique et sociale, la raison demande les moyens ; la conscience marque le but et nous y pousse.

Le bien ne peut être réalisé que par le vrai, mais le vrai n'a de prix que pour la réalisation du bien. La réalisation du bien — c'est-à-dire la satisfaction du sentiment moral, — dans les conditions du vrai — c'est-à-dire avec l'approbation de la raison : — l'équation est ainsi définitivement posée.

La doctrine de la solidarité en donne-t-elle la solution ?

CHAPITRE II

Doctrine scientifique de la solidarité naturelle.

I

Les découvertes des sciences naturelles, dans la seconde moitié du xixᵉ siècle, ont apporté tout d'abord à la thèse individualiste un contingent d'arguments puissants. Les lois de la lutte physiologique pour l'existence semblaient donner à la fois l'explication et la justification des lois de la concurrence sociale.

Les individus, les types spécifiques sont dans la nature à l'état de concurrence perpétuelle. C'est par l'exercice incessant des fonctions développant les organes, par l'adaptation courageuse des organes aux conditions des milieux, que l'individu se développe et se perfectionne; c'est par la suppression des plus faibles et par la survivance et la reproduction des plus forts, que se fixent les qualités utiles de l'espèce et que les êtres qui la composent évoluent vers une forme toujours supérieure.

En nous découvrant ainsi la loi du progrès des êtres vivants, la nature, dirent les individualistes, donne la solution du problème social. Le progrès des sociétés est du même ordre que le progrès des espèces. La concurrence économique n'est qu'une des formes de la concurrence vitale. L'effort est la loi de la vie sociale comme il est la loi de la vie physique, et la société, pas plus que la nature, ne peut connaître d'autres récompenses et d'autres peines que celles qui, directement, résultent pour l'individu de l'accroissement ou de la diminution de son action sur les choses.

Laissons donc faire et laissons passer. Toute intervention d'une puissance collective pour régler le conflit des intérêts individuels est à la fois arbitraire et vaine. L'État a bien une fonction : il doit veiller à ce que la mêlée sociale ne soit pas violente et sanglante comme celle des espèces, il doit maintenir la paix matérielle, « l'ordre public », entre les hommes. Mais cette fonction remplie, son rôle cesse. « Le devoir de l'État est, avant tout, une fonction de sécurité envers tout le monde. Quant aux personnes auxquelles l'État garantit cette sécurité, elles peuvent faire de leurs propriétés (ou pour mieux dire de leurs activités) ce que bon leur semble. L'État n'a pas à s'immiscer dans les combinaisons privées : c'est aux particuliers à gérer leurs affaires au mieux de leurs intérêts [1].

Tel est l'enseignement donné par les sciences biologiques. Telle est la condition de l'évolution des sociétés.

1. YVES GUYOT. *la Propriété*, p. 250.

II

Mais cette condition est-elle unique? Et les sciences naturelles bornent-elles là leur enseignement ?

C'est ce que philosophes et moralistes se durent à eux-mêmes de rechercher, et, à leur tour, ils empruntèrent aux sciences naturelles l'énoncé d'une loi nouvelle, opposant à la théorie de « la lutte pour l'existence » la doctrine de la « solidarité des êtres ».

Les physiologistes définissent la *solidarité* organique « la relation nécessaire entre deux ou plusieurs actes de l'économie », et considèrent l'existence de ces relations nécessaires entre les divers organes et les diverses fonctions comme la loi commune de tous les êtres vivants. Suivant Kant, c'est précisément cette « réciprocité entre les parties » qui constitue l'organisme, où tout est à la fois « but et moyen ».

« La solidarité, a dit Charles Gide, est un fait, d'une importance capitale dans les sciences naturelles, puisqu'il caractérise la vie. Si l'on cherche, en effet, à définir l'être vivant, l'individu, on ne saurait le faire que par la solidarité des fonctions qui lient des parties distinctes, et la mort n'est autre chose que la rupture de ce

lien entre les divers éléments qui constituent l'individu, et qui, désormais
désassociés, vont entrer dans des combinaisons nouvelles, dans des êtres
nouveaux [1]. »

Mais ces rapports de dépendance
réciproque entre les parties des êtres
vivants existent également entre les
êtres eux-mêmes, et aussi entre l'ensemble de ces êtres et le milieu où ils
sont placés. Les lois de l'espèce — lois
d'hérédité, d'adaptation, de sélection,
lois d'intégration et de désintégration
— ne sont que les aspects divers de la
même loi générale de dépendance réciproque, c'est-à-dire de solidarité, des
éléments de la vie universelle.

1. CH. GIDE, *l'Idée de solidarité.*

L'homme n'échappe pas à cette loi.

Jusqu'à Képler et à Galilée, la terre était considérée comme le centre de l'univers. L'astronomie moderne l'a remise à son rang, dans le modeste cortège des planètes qui gravitent autour du soleil ; et ce soleil n'est plus qu'une étoile de grandeur médiocre, qu'entraîne à son tour, dans l'innombrable multitude des astres, la même loi de gravitation, loi de solidarité des corps célestes.

La science a également rendu à l'homme sa place au milieu des êtres. Elle ne connaît plus l'homme abstrait, apparu tout à coup sur la terre dans le plein développement de son intelligence et de sa volonté. Il n'est plus le but et la fin du système du monde. Il est, lui aussi, soumis à des rapports de dépendance réciproque, qui le lient à ses semblables, à la race dont il sort, aux autres êtres vivants, au milieu terrestre et cosmique.

Et cette dépendance n'est point limitée aux conditions de sa vie physique ; elle s'étend aux phénomènes intellectuels et moraux, aux actes de sa volonté, aux œuvres de son génie.

Cette dépendance le lie à tous et à tout, dans l'espace et dans le temps.

Il vit, et sa santé est sans cesse menacée par les maladies des autres hommes dont, en retour, la vie est menacée par les maladies qu'il contractera lui-même ;

il travaille, et par la division nécessaire
du travail, les produits de son activité
profitent à d'autres, comme les produits
du travail d'autrui sont indispensables
à la satisfaction de ses besoins ; il pense,
et chacune de ses pensées réfléchit la
pensée de ses semblables dans le cer-
veau desquels elle va se refléter et se
reproduire à son tour ; il est heureux ou
il souffre, il hait ou il aime, et tous ses
sentiments sont les effets ou les causes
des sentiments conformes ou contraires
qui agitent en même temps tous ces
autres hommes avec lesquels il est en
rapport de perpétuel échange. Ainsi, à
tous les instants de la durée, chacun des
états de son moi est la résultante des
innombrables mouvements du monde

qui l'entoure, de chacun des états de la vie universelle.

Et il ne suffit pas de considérer le lien de solidarité qui unit l'homme au reste du monde à chaque moment de son existence. Ce lien ne réunit pas seulement toutes les parties de ce qui coexiste à une heure donnée ; il réunit également ce qui est aujourd'hui et ce qui était hier, tout le présent et tout le passé, comme il réunira tout le présent et tout l'avenir. L'humanité, a-t-on dit justement, est composée de plus de morts que de vivants ; notre corps, les produits de notre travail, notre langage, nos pensées, nos institutions, nos arts, tout est pour nous héritage, trésor lentement accumulé par les ancêtres. Une génération nouvelle arrive à la vie, et dans les mouvements, les passions, les joies et les douleurs qui l'agitent en tous sens, pendant les quelques heures de son existence, se mêlent, s'entre-choquent ou s'équilibrent toutes les forces du passé, comme dans les jeux de lumière où s'irise l'insaisissable écume des vagues, à la surface de la mer, se heurtent et se brisent les immenses courants des profondeurs, pulsations dernières de la gravitation des astres.

Ainsi les hommes sont, entre eux, placés et retenus dans des liens de dépendance réciproque, comme le sont tous les êtres et tous les corps, sur tous les points de l'espace et du temps. La loi de solidarité est universelle. Si le moindre changement mécanique, dans la structure d'un corps infiniment petit, a sa répercussion sur l'ensemble des combinaisons mécaniques du monde, le poète a pu dire, avec une égale vérité :

> ...Je sens que l'ébranlement
> Qu'en battant pour le bien mon cœur ému fait
> Humble vibration du meilleur de mon être, [naître,
> Se propage éternellement [1].

1. Sully Prudhomme, la *Justice*.

III

Y a-t-il pourtant contradiction véritable entre cette loi de la solidarité des
êtres et la loi du libre développement de
l'individu, que la biologie a aussi nettement et définitivement établie, et dont
les théories individualistes faisaient tout
à l'heure le fondement même de l'évolution? Il n'en est rien; bien au contraire, chacune d'elles isolément est insuffisante à expliquer cette évolution : il
faut, pour que celle-ci s'accomplisse,
que les deux forces se composent, que

les actions des deux lois se coordon-
nent, — et il y a à cette coordination
une condition nécessaire et suffisante :
*le concours des individus à l'action
commune.*

C'est la biologie, cette fois encore,
qui, par l'étude des organismes, va donner à la science sociale les éléments de
la synthèse et en établir les preuves.

Tout individu, tout être vivant, est
un agrégat, et les parties qui le composent sont elles-mêmes des individus, des
êtres vivants ; sans doute une science
plus pénétrante, armée de moyens d'in-
vestigation plus puissants, pourra-t-elle
encore trouver des éléments plus simples, vivants aussi, dans chacune de ces
cellules vivantes, qui paraissent le der-

nier degré de simplicité de la matière organisée.

Or, ces éléments premiers tendent individuellement à l'existence et au développement; cependant une étroite solidarité les relie. Ils ne sont pas juxtaposés « comme les pierres du tas de pierres »; ils ne se combattent pas, ne se détruisent pas aveuglément comme les combattants d'une mêlée. Ils se développent, et cependant leur développement contribue au développement de l'organisme qu'ils composent; ils évoluent, et leur évolution est une fonction de l'évolution collective. Ils sont, en un mot, *associés*.

Et leur association contribue, non seulement au développement du tout

qu'ils forment, mais aussi au développement de chacun d'eux. La solidarité qui les lie, loin d'entraver leur
activité et d'arrêter leur croissance,
augmente leurs forces et accélère leur
développement. Ils sont associés, et l'association se solde par un gain, non par
une perte, pour chacun d'entre eux
aussi bien que pour l'ensemble qu'ils
forment.

La grande loi de la division du travail
physiologique n'est que la coordination
des efforts individuels.

« Le corps d'un animal, dit Henri
Milne-Edwards, de même que le corps
d'une plante, est une association de parties qui ont chacune leur vie propre,
qui sont à leur tour autant d'associa-

tions, d'éléments organisés... Chez les animaux dont les facultés sont les plus bornées et dont la vie est la plus obscure,... l'individu est une agrégation plutôt qu'une association;... il en est autrement dès qu'on s'élève dans chacune des séries d'êtres de plus en plus parfaits dont l'ensemble compose le règne animal; on voit alors la division du travail s'introduire de plus en plus complètement dans l'organisme ; les facultés diverses s'isolent et se localisent; chaque acte vital tend à s'effectuer au moyen d'un instrument particulier, et c'est par le *concours* d'agents dissemblables que le résultat général s'obtient... Mais ce nombre croissant des agents de la vie et cette variété dans leurs fonctions ont nécessité la *coordination* de leurs forces;... à mesure que l'observateur s'élève vers les êtres les plus parfaits, *il voit cette harmonie devenir de plus en plus intime et la subordination s'établir*[1]... »

Ainsi se dégage la vérité définitive : des activités individuelles, isolées, croissent lentement; opposées, elles s'entre-détruisent; juxtaposées, elles s'additionnent; seules, des activités associées croissent rapidement, durent et multiplient.

« L'association crée[2] », a-t-on dit, avec une concision éloquente.

1. Milne-Edwards, *Leçons sur la physiologie et l'anatomie comparées.* Cette idée est développée par M. Izoulet, *Cité moderne,* p. 37 et suiv.

2. Izoulet, *Cité moderne,*

C'est le concours des actions individuelles dans l'action solidaire qui donne
la loi synthétique de l'évolution biologique universelle.

IV

« En établissant que dans le monde vivant, si la lutte est la condition du progrès, comme l'ont si vite appris ceux qui rêvent de bouleversement social, le progrès n'a jamais été réalisé que par l'association des forces individuelles et leur harmonieuse coordination, les sciences naturelles constituent non seulement la plus haute philosophie, mais la seule capable de fournir aux gouvernements les lumières nécessaires pour sonder et guérir les plaies profondes du temps présent. »

Ces paroles, d'un éminent naturaliste contemporain[1], sont une réponse précise à l'appel que, depuis Auguste Comte, les politiques et les philosophes adressent aux sciences de la nature pour leur demander le dénouement du drame humain.

Certes, la société humaine n'est pas un organisme semblable à l'organisme animal ; elle ne constitue pas un être vivant où les parties sont, comme dans l'agrégat biologique, matériellement unies les uns aux autres.

Mais les effets de la solidarité natu-

1. EDMOND PERRIER, *Faune des côtes de Normandie*, 1894.

relle ne se manifestent pas seulement entre les diverses parties de l'être vivant, ils se manifestent aussi entre les êtres de même espèce, et ses lois se vérifient également dans les phénomènes de la vie sociale.

Dans l'histoire des sociétés comme dans celle des espèces, on a reconnu que la lutte pour le développement individuel est la condition première de tout progrès ; que le libre exercice des facultés et des activités personnelles peut donner seul le mouvement initial ; enfin que plus s'accroît cette liberté première de chacun des individus, et se fortifie, par l'accroissement de ses activités physiques, psychiques et morales, ce moteur premier de toute action sociale, plus l'action sociale en peut et doit être à son tour accrue.

Mais on a reconnu en même temps que si ces forces individuelles sont livrées à elles-mêmes, leur énergie, même parvenue à son plus haut point d'intensité, n'est pas seulement impuissante à produire des combinaisons sociales de quelque importance et de quelque durée : elle ne suffit pas à maintenir l'individu lui-même dans un état durable de prospérité, de sécurité, voire d'existence.

L'association des actions individuelles, disciplinées, soit par la force au temps des régimes d'autorité, soit par le consentement au temps des régimes de liberté, a seule pu établir et faire vivre lès groupements d'hommes, familles, tribus, cités, castes, églises ou nations.

Ainsi la loi de solidarité des actions individuelles finit par apparaître, entre les hommes, les groupes d'hommes, les sociétés humaines, avec le même caractère qu'entre les êtres vivants, c'est-à-dire non comme une cause de diminution, mais comme une condition de développement; non comme une nécessité extérieurement et arbitrairement imposée, mais comme une loi d'organisation intérieure indispensable à la vie; non comme une servitude, mais comme un moyen de libération.

S'il est vrai qu'une organisation supérieure est celle où il y a équilibre entre les unités et le tout « si bien que le tout y existe pour les unités et les unités pour le tout » ; l'évolution des sociétés tend donc naturellement à cet état où chacune des activités individuelles aura la liberté d'atteindre à son plus haut degré d'énergie et consacrera aussi complètement que possible cette énergie au développement de l'œuvre commune.

Par là seulement pourra être atteint, grâce au jeu des lois communes à tout ce qui vit, l'état de civilisation que, plus ou moins obscurément, se propose l'humanité, « où chaque homme vivra davantage, non seulement de sa vie propre mais de la vie commune, où ces deux effets simultanés du progrès, qu'on avait d'abord cru contraires, seront réellement inséparables : l'accroissement de la vie individuelle et l'accroissement de la vie sociale[1] ».

1. FOUILLÉE, *Science sociale*, p. 1.

V

C'est, avons-nous dit, par l'étroit accord de la méthode scientifique et de l'idée morale que le renouvellement politique et social s'accomplira.

La théorie de la solidarité naturelle de tous les êtres, née des découvertes de la biologie générale, nous a montré les lois scientifiques du développement dés sociétés.

Mais comment, *en fait*, ce développement va-t-il se réaliser? Comment ces lois vont-elles s'appliquer aux circonstances particulières de notre race, de notre époque, de notre société ?

Lorsqu'il s'agit d'un groupe d'êtres non seulement vivants, mais doués de raison et de volonté, capables par suite de concevoir le jeu des forces naturelles auxquelles ils sont soumis et de prévoir l'effet de leurs combinaisons, la puissance de réaction de chacun de ces êtres contre l'action de l'ensemble est considérable; quand il s'agit d'hommes de notre temps, capables non seulement de comprendre la loi de coordination générale des forces de l'univers, mais encore de combiner eux-mêmes des coordinations particulières de ces forces en vue d'arrangements spéciaux, dont leur propre développement sera le but,

les conditions de l'équilibre se modi-
fient plus profondément encore. C'est,
dans ce réseau infiniment mobile des
tendances, l'intervention d'un facteur
nouveau, la pensée, force elle-même et
force consciente de son action sur les
autres forces : et quand cette pensée
elle-même ne serait pas métaphysique-
ment libre et serait, elle aussi, déterminée par les nécessités de l'être universel,
ceux qu'elle aura éclairés et guidés n'en
auront pas moins pendant leur existence, pu modifier dans une certaine
mesure les conditions de leur dépendance et mettre, pour ainsi dire, un
moment de la solidarité universelle au
service de leur développement particulier.

Il ne suffit donc pas à la science de constater que si certaines conditions se réalisaient, l'état de civilisation idéal serait atteint. La conception scientifique des choses est loin d'être commune à tous les hommes ; le plus grand nombre l'ignore et l'ignorera longtemps encore ; l'esprit de système, de passion et de parti s'efforcera toujours de le fausser et de l'obscurcir ; en tout cas, l'égoïsme humain veille et ne se laissera pas facilement persuader qu'il y a pour lui un intérêt supérieur s'accordant avec le devoir, et qu'il lui faut pour un bien général dont on peut obtenir une part, abandonner un bien, moindre peut-être, mais certain et immédiatement réalisé.

Comment, dans ces conditions, pourra

s'obtenir en fait le concours des intelligences et des volontés dans l'action solidaire ?

Et quelle sera — c'est le premier point — la valeur *morale* de l'organisation ainsi réalisée ?

L'équation des rapports de l'unité et du tout se complique, en effet, au degré humain d'une dernière inconnue; l'homme, avons-nous dit, est l'acteur du drame, mais il en est en même temps le spectateur et le juge ; des consciences individuelles mêlées à l'action s'élève une conscience commune qui objective cette action et prononce sur elle. Toute société est, suivant le mot de Fouillée, une « union de consciences qui s'élabore ». La distinction fondamentale du bien et du mal et, d'un mot, la notion irréductible de justice, reste le postulat de toute spéculation sur l'organisation des sociétés.

Dans quelle mesure la conscience humaine pourra-t-elle s'accommoder aux notions objectives qu'a formulées la science contemporaine; dans quelle mesure l'action morale pourra-t-elle en tirer parti pour conformer, en réalité, le développement social à l'idée du bien et du juste ? — Et, avant toute chose, dans quelle mesure ces notions objectives vont-elles, elles-mêmes, agir sur la conscience humaine et modifier l'idée traditionnelle du bien et du mal, du juste et de l'injuste, du droit et du devoir ?

En deux mots, comment établir sur la doctrine scientifique de la solidarité naturelle une doctrine pratique de la solidarité morale et sociale, une règle précise des droits et des devoirs de chacun dans l'action solidaire de tous ? Comment déterminer, d'après les limites naturelles de la solidarité qui existe de fait entre les hommes, les limites morales de la solidarité de droit qu'ils doivent consentir ou qui peut leur être justement imposée ?

CHAPITRE III

Doctrine pratique de la solidarité sociale.

I

L'idée du bien et du mal est, en soi, une idée irréductible ; c'est un fait premier, un attribut essentiel de l'humanité ; chez tout homme se retrouvent cette notion abstraite du devoir, cette nécessité, ressentie et consentie, d'obéir, suivant l'expression de Kant, « à une loi par respect pour la loi ».

Mais la définition de cette loi à laquelle il est nécessaire d'obéir est variable : « la connaissance du bien que la conscience nous prescrit de faire est l'ouvrage de la raison ; la raison se développe dans l'histoire ; la conscience est donc, comme la raison, soumise à la loi du développement[1] », et c'est ce développement que nous montre en effet l'histoire des philosophies et des religions, des mœurs et des lois.

Lorsque Cicéron, dans le célèbre passage du *De legibus*, affirme l'existence « d'une loi commune à tous les hommes qui commande la vertu et défend l'injustice », il dit vrai, en constatant l'universalité, la nécessité de l'exis-

1. SECRÉTAN, *Discours laïques*, VIII.

tence d'une loi morale. Mais il méconnaît les réalités de l'histoire quand il ajoute « qu'elle n'est pas autre à Rome ni à Athènes, ni différente aujourd'hui de ce qu'elle sera demain, qu'elle est inflexible, toujours la même, embrassant toutes les nations et tous les siècles ». Quelles divergences, au contraire, entre les règles morales définies et proclamées par les diverses religions et les diverses races, dans chaque siècle et dans chaque pays ! Entre un brahmane et Socrate, entre Moïse et Jésus, entre Caton et Spinoza, quels abîmes ! Combien d'états successifs de la conscience générale depuis les sacrifices humains des vieux cultes jusqu'à la doctrine chrétienne de la charité ou jusqu'à la doctrine philosophique de la fraternité ! Combien d'idées morales dont on peut déterminer presque exactement l'apparition dans l'histoire, depuis le plaidoyer d'Apollon pour Oreste jusqu'au sermon sur la montagne, depuis les entretiens d'Épictète jusqu'à la déclaration des droits de l'homme !

Si la notion première du bien et du mal est une nécessité, si le sentiment de l'obligation morale constitue en nous un « impératif catégorique », l'opération intellectuelle, par laquelle l'homme s'efforce de définir le bien et le mal et cherche les conditions de l'obligation morale, est du domaine de la raison ; les résultats en sont modifiés à mesure que la raison humaine elle-même, par l'observation des lois naturelles du monde, se détermine et s'éclaire.

Et le progrès des institutions publiques ou privées n'est à son tour que l'application successive au *for extérieur* des développements de l'idée morale ; famille, tribu, cité, patrie, liberté, propriété, héritage, souveraineté, impôt d'argent ou de sang, tout a évolué autour de l'homme, à mesure qu'évoluait en lui l'idée morale, fonction suprême de sa raison.

Ne nous étonnons donc pas, à l'heure présente, de voir toutes les institutions, toutes les lois discutées, remises en question. Le malaise moral et social dont nous souffrons n'est que le sentiment du désaccord qui s'est révélé entre certaines institutions politiques, économiques ou sociales, et les idées morales que les progrès de la pensée humaine ont lentement transformées.

Il ne s'agit pas de trembler et de pousser des cris d'alarme ; il ne sert de rien de proclamer la faillite de la science et — comme un enfant jette des pierres à la mer qui monte — d'aiguiser des traits contre la souveraineté de la raison.

« Le monde n'est dans le tremblement que parce qu'il est dans l'enfantement. » Une tâche s'impose aux hommes. Il s'agit pour eux, partant des vérités certaines que seule apporte la science, de rechercher en quoi ces vérités ont pu modifier les idées morales traditionnelles, les définitions anciennes du droit et du devoir dans l'humanité, puis d'adapter les organes de la vie sociale aux conditions nouvelles qu'aura révélées cet examen. Il s'agit, pour eux, en un mot, de rétablir « l'accord entre leurs idées, leurs sentiments et leurs actes ».

Alors seulement la paix sera faite dans la conscience et dans la société.

II

La connaissance des lois de la solidarité des êtres devait réagir puissamment
sur les théories morales. La définition
des droits et des devoirs des hommes
ne peut plus être cherchée désormais
en dehors des rapports qui les lient soli-
dairement les uns aux autres dans l'espace et dans le temps.

Tant que l'homme était considéré
comme un être à part dans la nature,
tant que chacun des hommes paraissait
un exemplaire, toujours semblable aux

autres, d'un type unique, créé de toutes
pièces, au début des jours, par un acte
particulier et définitif de la puissance
divine, il suffisait de déduire, en une
pure opération de logique, les conséquences de ce caractère absolu de la
personne humaine, pour déterminer ce
qu'on appelait les droits de l'homme, et
ses devoirs envers son créateur, envers ses semblables, envers lui-même.
L'homme était une *fin* pour lui et pour
le monde : ses droits et ses devoirs
étaient pour ainsi dire les moyens propres à cette fin.

Le problème est maintenant plus complexe, et cependant la solution en doit
être plus précise. L'homme n'apparaît
plus ici-bas comme un être de nature

spéciale, comme une abstraction dont le moi « un et identique » est *à priori* le sujet de droits abstraits eux-mêmes ; il s'est transformé en un être réel, d'une nature semblable à celle des autres êtres vivants, soumis comme eux à des liens, à des subordinations sans nombre, obéissant aux lois de l'évolution générale et ne pouvant chercher, en dehors du réseau d'actions et de réactions qui l'environne de toutes parts, les conditions du développement de sa personnalité et de celle des êtres semblables à lui.

C'est le sens de la maxime de Fouillée : « Les lois morales qui s'imposent à l'individu ne sont autre chose que les conditions générales de la société. » En tout eas, si cette maxime semble excessive, si elle offre le danger de paraître con fondre la notion du droit et celle de l'utilité générale, il est vrai de dire que les lois morales qui s'imposent à l'indi-vidu ne peuvent être cherchées *en de-hors* des conditions générales de la vie en société.

Elles ne peuvent se découvrir que par l'étude de la personne humaine, consi-dérée non dans un isolement métaphy-sique, mais dans la réalité de ses rap-ports avec son milieu, son temps, la race d'où elle sort et la postérité qui sortira d'elle.

L'homme n'étant plus isolé, le droit ne peut plus s'établir entre les hommes comme il s'établit, en fait, encore à

notre époque, entre des étrangers, entre
des nations séparées par des frontières,
indépendantes l'une de l'autre, souve-
raines et poursuivant chacune son développement exclusif.

L'homme n'est plus une fin pour lui
et pour le monde : il est à la fois une fin
et un moyen. Il est une unité, et il est
la partie d'un tout. Il est un être ayant
sa vie propre et ayant droit à conserver
et à développer cette vie ; mais il appartient en même temps à un tout sans lequel cette vie ne pourrait être ni développée, ni conservée ; sa vie même n'a
été possible, elle n'est ce qu'elle est que
parce que le tout dont il fait partie a
été avant lui, parce que d'autres vies
inférieures à la sienne ont été, avant la

sienne, conservées et développées grâce à cet ensemble, et ont déterminé l'épanouissement de la vie commune supérieure d'où il est lui-même issu.

C'est au fond, entre l'homme et la société humaine, la lutte mystérieuse de l'individu et de l'espèce, drame de combat et drame d'amour; l'individu ne pouvant être sans l'espèce, l'espèce ne pouvant durer que par l'individu. C'est dans les conditions de ces actions réciproques de la partie et du tout que l'idée de justice doit chercher sa réalisation. C'est en pénétrant le sens profond d'une contradiction qui n'est en réalité qu'une harmonie supérieure, en retrouvant l'échange des services sous l'opposition apparente des intérêts, l'accroissement de l'individu dans l'accroissement social, que l'idée morale recevra sa formule et la théorie des droits et des devoirs son expression, non abstraite et subjective, mais concrète, objective, conforme aux nécessités naturelles et par là même définitive.

Le bien moral sera désormais, comme l'a dit Secrétan, « de nous vouloir et de nous concevoir comme membres de l'humanité. Le mal sera de nous vouloir isolément, de nous séparer du corps dont nous sommes les membres [1] ».

1. *Civilisation et croyance.* — M. Izoulet a donné de la même pensée une autre formule très intéressante. Répondant aux socialistes qui croient trouver dans l'abolition de la propriété individuelle la solution du problème social, il répond : « Ce n'est pas la socialisation des biens, c'est la socialisation de

III

En détruisant la notion abstraite et *à priori* de l'homme isolé, la connaissance des lois de la solidarité naturelle détruit du même coup la notion également abstraite et *à priori* de l'Etat, isolé de l'homme et opposé à lui comme un sujet de droits distincts ou comme une puissance supérieure à laquelle il serait subordonné.

L'État est une création des hom-

la personne qu'il s'agit de réaliser. » (*Cité moderne.*)

8.

mes : le droit supérieur de l'État sur les hommes ne peut donc exister; il n'y a pas de droits là où il n'existe pas un *être*, dans le sens naturel et plein du mot, pouvant devenir le sujet de ces droits. Les économistes ont raison quand ils repoussent, au nom de la liberté individuelle, la théorie socialiste de l'État.

Peu importe que l'on appelle ce prétendu pouvoir supérieur, pouvoir de l'État ou pouvoir de la *société*. Nous acceptons cette réponse de M. Yves Guyot à M. Lafargue : « Quand les socialistes parlent de la société, des droits et des devoirs de la société, et les opposent aux droits de l'homme, ils attribuent à cette société une existence propre, une vitalité spéciale, une grâce particulière que ne lui donnent pas les individus qui la composent, et ils oublient de répondre à la question suivante : Qu'est-ce que cette société [1] ? »

Pas plus que l'État, forme politique du groupement humain, la société, c'est-à-dire le groupement lui-même, n'est un être isolé ayant en dehors des individus qui le composent une existence réelle et pouvant être le sujet de droits particuliers et supérieurs opposables au droit des hommes.

Ce n'est donc pas entre l'homme et l'État ou la société que se pose le problème du droit et du devoir ; c'est

1. Yves Guyot, *la Propriété*, p. 254.

entre les hommes eux-mêmes, mais entre les hommes conçus comme associés à une œuvre commune et obligés les uns envers les autres par la nécessité d'un but commun.

Il ne s'agit pas de définir les droits que la société pourrait avoir sur les hommes, mais les droits et les devoirs réciproques que le fait de l'association crée entre les hommes, seuls êtres réels, seuls sujets possibles d'un droit et d'un devoir.

Quand, pour une entreprise industrielle ou commerciale, des hommes associent leurs intelligences, leur travail et leurs capitaux, ils ne créent pas en dehors d'eux un être supérieur à eux-mêmes — la société industrielle ou commerciale — qui peut avoir contre eux, des droits particuliers ; ils etablissent simplement entre eux sous ce nom de société, un ensemble de liens et d'accords, d'obligations réciproques auxquelles ils reconnaissent ce double caractère d'être en fait les meilleurs moyens d'atteindre le but, de réaliser l'objet pour lequel ils se sont réunis, et d'être, en droit, combinés de telle manière qu'aucun des associés n'en éprouve de dommages ou n'en obtienne d'avantages particuliers, que chacun prenne équitablement sa part des charges et des bénéfices, des profits et des pertes, et qu'ainsi se trouvent à la fois réalisées les conditions naturelles, nécessaires, du fonctionnement d'une entreprise commune, et les conditions morales d'une juste association.

Le problème social dans son ensemble, est le même que celui que résolvent chaque jour les actionnaires d'une société particulière. Il n'en diffère qu'en ce point, qu'il ne peut être résolu à l'avance par une convention préalable à la constitution de la société ; c'est de l'association de fait, préexistante, qu'il s'agit de dégager les conditions de l'association de droit.

Il y a une association naturelle, nécessaire, dont tous les membres sont solidaires dans le temps et dans l'espace, et qui trouve dans cette solidarité même l'élément intérieur essentiel de sa durée et de son progrès ; il y a lieu

de reconnaître exactement la nature,
l'objet, le but de cette association
naturelle ; de rechercher les conditions
de fait dans lesquelles son développement peut être assuré, son terme
atteint ; et parmi les conditions de fait
qui seront reconnues comme les moyens
indispensables de cette fin, il y a lieu
de découvrir et de retenir exclusivement celles qui en même temps place-
ront les membres de l'association dans
des conditions réciproques conformes
à l'idée morale ; celles qui, répartis-
sant équitablement entre tous les avantages et les charges, seront celles-là
mêmes qu'auraient adoptées les associés s'ils avaient été auparavant libres,
et également libres, de discuter entre

eux, avec une égale moralité, les conditions de leurs accords ; celles, en un mot, qui, répondant à la fois au fait et au droit constitueraient la loi naturelle et la loi morale d'un contrat formé pour le même objet entre des êtres libres et conscients.

La formule qui déterminera le lien social devra donc tenir compte de la nature et du but de la société humaine, des conditions dans lesquelles chaque membre y entre à son tour, des avantages communs dont le bénéfice lui est assuré et des charges communes auxquelles il se trouvera soumis ; elle devra, en d'autres termes, reconnaître les apports et les prélèvements de chacun, faire le compte de son doit et de

son avoir, afin d'en dégager le règlement de son droit et de son devoir.

La législation positive ne sera que
l'expression pratique de cette formule
de répartition équitable des profits et
des charges de l'association. Elle ne
créera pas le droit entre les hommes,
elle le dégagera de l'observation de
leurs situations réciproques ; elle devra
se borner à le reconnaître et à en assurer les sanctions.

En analysant les rapports nécessaires
entre les objets de l'association, elle
fixera du même coup les rapports nécessaires entre les consciences des associés.

Elle ne sera donc pas la loi faite par la
société, et imposée par elle aux hommes.

Elle sera la loi de la société faite entre les hommes [1].

1. On voit facilement en quoi la théorie de la solidarité naturelle et morale s'écarte de la doctrine du *Contrat social* de Rousseau. Les deux systèmes ont ce trait commun : la notion d'une société entre les hommes. Mais Rousseau ajoute à l'idée d'une association existant en fait l'hypothèse d'une convention préalable fixant les conditions de cette association : « Il faut, dit-il, toujours remonter à une première convention. » (I, 5.) En outre, il admet « l'état de nature », c'est-à-dire qu'il suppose l'homme parfait au commencement des choses, investi dès lors de droits et de devoirs absolus qu'il a mis en commun ; les vices des institutions sont les déformations successives de cet état de primitive perfection : « L'homme est né libre, et partout il est dans les fers. » (I, 1.) — Dans la réalité, c'est au contraire le conflit des forces, la lutte brutale pour l'existence, qui sont au point de départ, et c'est par l'évolution des groupes, fortuitement constitués, vers un état plus élevé d'intelligence et de moralité, que l'idée d'une association volontaire se dégage et se précise, coordonne les forces hos-

IV

Loin de porter atteinte à la liberté individuelle, la loi sociale ainsi définie lui donne au contraire tout son carac-

tiles en résultantes utiles à chacun et à tous, et, par un lent *devenir*, prépare, sur les ruines de l'état de guerre et d'autorité l'avènement du régime pacifique et contractuel. — Enfin, pour Rousseau, toutes les clauses du contrat social se réduisent à une seule : « l'aliénation totale de chaque associé avec tous ses droits à la communauté » (I, 6); tandis que la doctrine de la solidarité tend au contraire à accroître la liberté et la puissance de chaque individu dans l'action commune, librement consentie par tous.

tère et toutes ses sûretés; car, en en fixant les limites naturelles, elle lui assure, en dehors de tout arbitraire, d'inébranlables garanties.

L'organisme ne se développe qu'au prix du développement des éléments qui le composent; la société ne peut progresser que par le progrès des hommes.

La liberté n'est autre chose que la possibilité pour l'être de tendre au plein exercice de ses facultés, au plein développement de ses activités; en développant incessamment l'organe, la fonction élève l'être vers le degré supérieur d'existence où tend toute vie.

La liberté du développement physique, intellectuel et moral de chacun

des hommes est donc la première condition de l'association humaine. Et
puisqu'il n'existe pas de puissance
extérieure, État, société politique, à
laquelle appartienne un droit opposable
au droit de l'individu, la faculté du développement de chaque individu ne
peut trouver de limite que dans la faculté du développement également nécessaire à chacun de ses semblables.

Tout arrangement politique ou social qui cherchera à déterminer autrement les bornes de la liberté des
hommes sera contraire aux lois naturelles de l'évolution de la société.

Mais ces libertés des individus ne
sont pas des forces indépendantes les
unes des autres; les hommes sont, non

des êtres isolés, mais des êtres associés ; au point de contact, ces libertés,
se limitant l'une i'autre, ne doivent
point se heurter, se faire échec et
s'entre-détruire, mais au contraire,
comme des forces de même sens appli-
quées à un point commun, elles doivent se composer en résultantes, qui
accroîtront le mouvement du système
tout entier.

Rousseau apercevait en partie cette
conséquence quand, voulant montrer
l'utilité du pacte social, il disait : « Chacun se donnant à tous ne se donne à
personne, et comme il n'y a pas un
associé sur lequel on n'acquière le même
droit qu'on lui cède sur soi, on gagne
l'équivalent de tout ce qu'on perd, et

plus de force pour conserver ce que
l'on a[1].

Mais ce n'est pas seulement par une
raison d'utilité, c'est par une raison
de morale et plus rigoureusement encore par une raison de droit, qu'il
est nécessaire qu'il en soit ainsi.

L'homme vivant dans la société, et
ne pouvant vivre sans elle, est à toute
heure un *débiteur* envers elle. Là est
la base de ses devoirs, la charge de
sa liberté.

L'obligation de chacun envers tous
ne résulte pas d'une décision arbitraire,
extérieure aux choses ; elle est simplement la contre-partie des avantages que
chacun retire de l'état de société, le

1. *Contrat social*, I, 6.

prix des services que l'association rend
à chacun.

L'obéissance au devoir social n'est que
l'acceptation d'une charge en échange
d'un profit. C'est la *reconnaissance
d'une dette*.

C'est cette idée de la dette de l'homme
envers les autres hommes qui, donnant
en réalité et en morale le fondement
du devoir social, donne en même temps
à la liberté, au droit individuel, son
véritable caractère, et par là même ses
limites et ses garanties.

Rousseau voyait dans le pacte social
« l'aliénation totale de chaque associé
avec tous ses droits à la communauté »
et la théorie socialiste a pu logiquement s'emparer de cette maxime pour

conclure à la communauté des biens.

Sans aller aussi loin, plus d'un philosophe contemporain croit que dans le pacte social l'individu consent à « l'abandon d'une partie de ses droits pour en sauvegarder l'autre partie ».

Mais reconnaître une dette n'est pas abandonner un droit, c'est reconnaître la limite véritable de ce droit. Un homme reçoit par don, par legs ou par contrat onéreux, le droit de cultiver un domaine et d'en consommer les fruits, à charge par lui de donner une part de ces fruits à certains ayants droit du testateur, du donateur ou du bailleur; lorsque annuellement il fera la remise de cette partie des fruits, renoncera-t-il donc à un de ses droits ou n'exercerat-il pas simplement son droit dans les limites mêmes où l'acte initial l'a constitué ? Au moment de l'inventaire annuel d'une société, à l'heure du règlement des comptes, des profits et des pertes, les actionnaires, avant de fixer le dividende, déduisent de l'actif les charges sociales, acquittent les dettes, placent certaines sommes au fonds d'amortissement du capital. Peut-on dire qu'en agissant ainsi ils abandonnent une part de leurs droits? Ils reconnaissent simplement leur dette et par suite la limite véritable de leur droit.

Il n'en va pas autrement dans la société humaine. Il s'agit pour les hommes, associés solidaires, de reconnaître l'étendue de la dette que chacun contracte envers tous par l'échange de services, par l'augmentation de profits personnels, d'activité, de vie résultant pour chacun de l'état de société ; cette charge une fois mesurée, reconnue comme naturelle et légitime, l'homme reste réellement libre, libre de toute sa liberté, puisqu'il reste investi de tout son droit. Ce droit, aucune puissance extérieure ne peut prétendre à le limiter, et là loi positive, qui s'est bornée à reconnaître la dette de chacun, à en déterminer le montant d'après les services reçus, est également fondée au point de vue naturel et au point de vue moral ; elle est bien, sinon, comme on l'a dit ingénieusement, mais incomplètement, « la conscience de ceux qui n'en ont pas », du moins l'expression équitable des rapports naturels entre de libres associés, l'expression des volontés de la conscience commune éclairées par la commune raison.

V

Et la même doctrine établit, en même temps que la liberté, l'égalité non des conditions, mais du droit entre les hommes.

On a dit en effet : qui donc fixera ce compte des profits et des pertes, des avantages et des charges? qui donc fera la répartition équitable entre les associés? L'arbitraire et l'*à priori*, qu'on a prétendu écarter des prescriptions de la loi générale, ne vont-ils pas rentrer, au contraire, sous cette

forme dans les arrangements sociaux ?
A quel modèle, à quel type, à quel
idéal préalable la répartition des charges et des profits, l'évaluation de la
dette de l'individu envers la société
pourront-elles, devront-elles être comparées pour s'imposer aux esprits et
aux consciences et pour être légiti-
mement l'objet d'une sanction.

On ne peut méconnaître la force de
ces objections ; il est certain que dans
le calcul détaillé et précis des obligations sociales de chaque citoyen
s'élèveront des difficultés de toute nature.

Mais il n'est pas de loi naturelle qui
n'offre au physicien, au chimiste, d'innombrables difficultés d'application :

ces difficultés ne font point échec à la loi elle-même ; les erreurs que les hommes peuvent commettre en se servant d'elle ne diminuent point l'exactitude du principe général dont la loi est l'expression.

La loi naturelle de répartition des charges sociales n'échappe pas à ces conditions communes [1]. Ce qu'il s'agit d'établir en ce moment c'est son principe, et ce principe est contenu tout entier dans cette affirmation : que, sous les inégalités de toutes sortes, différences de sexe, d'âge, de race, de force physique, d'intelligence, de volonté, il

1. Ces difficultés devront être successivement examinées à propos des problèmes de la propriété, de l'héritage, de l'impôt, etc.

y a, entre tous les membres de l'association humaine, un caractère commun, identique, qui est proprement la qualité d'homme, c'est-à-dire d'être à la fois *vivant, pensant et conscient*. Ce caractère, réduit à ces trois termes essentiels, existe chez chacun des hommes à des degrés divers, mais chez aucun d'eux il ne peut être supprimé [1], et les êtres mêmes qui le possèdent au degré le plus faible sont encore des hommes, associés naturels des autres hommes, coopérant à l'évolution commune, par

[1]. Dès que la conscience et la pensée disparaissent d'une manière durable, par exemple chez l'aliéné, il n'y a pas suppression du droit, car l'individu reste virtuellement capable de reprendre le caractère d'homme, mais suspension de l'exercice du droit.

le travail, par le langage, fût-il rudi-
mentaire, par l'échange possible de certaines idées, par la faculté commune de
reproduction de l'espèce, etc.

C'est ce triple caractère, commun à
tous les hommes et qui n'existe, au
moins sur cette terre, chez aucun être
en dehors de l'homme, qui est le titre
commun des membres de la société.

Titre commun, il a, au point de vue
moral, une valeur égale pour tous;
l'exercice du droit qu'il confère pourra
être plus ou moins étendu suivant le
degré d'évolution personnelle de chacun des associés : mais le droit lui-
même, né d'une qualité commune — la
conscience, unique fondement du droit
— est chez tous d'une valeur égale et

doit être chez tous également reconnu et respecté.

C'est ce titre commun que nous reconnaissons et que nous désignons sous une forme aussi simple qu'énergique quand, parlant des hommes les plus dégradés, des peuples les plus sauvages nous disons encore : Ce sont nos semblables.

La société est formée entre des semblables, c'est-à-dire entre des êtres ayant, sous les inégalités réelles qui les distinguent, une identité première, indestructible. Et de là découle pour tous ce qu'on a appelé avec justice « une égalité de valeur dans le droit social[1] ».

C'est cette égalité de valeur dans le

1. DARLU, *Revue de métaphysique*, janvier 1895.

droit que doit exprimer la répartition
des profits et des charges. On le voit, il
n'est point question de faire sortir de
cette conception toute réelle de l'être
humain une définition abstraite des
droits et des devoirs de l'homme; il y
a lieu seulement de reconnaître et de
retenir que, pour la fixation des droits
et des devoirs de chacun dans l'association solidaire qui existe entre ces hommes, pour le calcul des profits et des
charges à répartir entre tous, il doit
être tenu compte d'un coefficient commun à tous, d'une valeur de droit égale
pour tous. Au milieu des innombrables
éléments de calcul, tirés des inégalités
naturelles de toutes sortes qui séparent
et différencient les hommes, il faudra

toujours, pour déterminer la situation équitable de chacun, faire entrer en compte cette valeur et l'admettre comme égale pour tous; en deux mots, dans la série des équations personnelles, les inégalités naturelles seront les seules causes d'une différence qui ne devra jamais être accrue par une inégalité de droits.

CHAPITRE IV

Dette de l'homme envers la société; le quasi-contrat social.

I

Dans la société de fait où le place sa qualité d'homme, chacun de nous, avons-nous dit, est nécessairement le débiteur de tous. C'est la charge de la liberté.

Mais la nature et l'étendue de cette dette ne s'expliquent pas seulement par l'échange des services entre les associés pendant leur vie commune.

La connaissance des lois de la solidarité des êtres vivants n'a pas seulement détruit l'isolement de l'homme dans le milieu où il vit ; elle a détruit du même coup son isolement dans la durée ; elle a établi que, pour déterminer complètement sa situation naturelle et morale, il était indispensable de tenir compte du lien qui le rattache à ses ancêtres et à ses descendants.

L'homme ne devient pas seulement, au cours de sa vie, le débiteur de ses contemporains ; dès le jour même de sa naissance, il est un obligé. *L'homme naît débiteur de l'association humaine.*

En entrant dans l'association, il y prend sa part d'un héritage accumulé par les ancêtres de lui-même et de tous ; en naissant, il commence à jouir d'un capital immense qu'ont épargné d'autres générations antérieures. Auguste Comte a depuis lontemps mis ce fait en pleine lumière : « Nous naissons chargés d'obligations de toute sorte envers la société. » Ce que Renan dit des hommes de génie : « Chacun d'eux est un capital accumulé de plusieurs générations », est vrai non pas seulement des hommes de génie, mais de tous les hommes. La valeur de l'homme se mesure à sa puissance d'action sur les choses ; à cet égard, le plus modeste travailleur de notre temps l'emporte sur le sauvage de l'âge de pierre d'une distance égale à celle qui le sépare lui-même de l'homme de génie. Nous l'avons déjà dit : les aptitudes de notre corps, les instruments et les produits de notre travail, les instincts qui veillent en nous, les mots dont nous nous servons, les idées qui nous guident, la connaissance que nous avons du monde qui nous entoure, qui nous presse et que cependant nous dominons, tout cela est l'œuvre lente du passé ; tout cela, depuis le jour de notre naissance, est sans cesse mis par ce passé à notre disposition, à notre portée, et, pour la plus grande part, s'incorpore en nous-mêmes.

Dès que l'enfant, après l'allaite-

ment, se sépare définitivement de la
mère et devient un être distinct, rece-
vant du dehors les aliments nécessaires à son existence, il est un débiteur ; il ne fera point un pas, un
geste, il ne se procurera point la satisfaction d'un besoin, il n'exercera point
une de ses facultés naissantes, sans
puiser dans l'immense réservoir des
utilités accumulées par l'humanité.

Dette, sa nourriture : chacun des
aliments qu'il consommera est le fruit
de la longue culture qui a, depuis
des siècles reproduit, multiplié, amé-
lioré les espèces végétales ou ani-
males dont il va faire sa chair et son
sang. Dette, son langage encore incer-
tain ; chacun des mots qui naîtra sur

ses lèvres, il le recueillera des lèvres de parents ou de maîtres qui l'ont appris comme lui, et chacun de ces mots contient et exprime une somme d'idées que d'innombrables ancêtres y ont accumulée et fixée. Lorsqu'il lui faudra non pas seulement recevoir des mains des autres la première nourriture de son corps et de leurs lèvres celle de son esprit, lorsqu'il commencera à créer par son effort personnel les matériaux de son accroissement ultérieur, il sentira sa dette s'accroître envers le passé. Dettes, et de quelle valeur, le livre et l'outil que l'école et l'atelier lui vont offrir : il ne pourra jamais savoir ce que ces deux objets, qui lui sembleront si maniables et de si peu de poids, ont exigé d'efforts antérieurs ; combien de mains lourdes et maladroites ont tenu, manié, soulevé, pétri et souvent laissé tomber de lassitude et de désespoir cette forme de l'outil avant qu'elle soit devenue l'instrument léger et puissant qui l'aide à vaincre la matière ; combien d'yeux se sont ouverts et longuement fixés sur les choses, combien de lèvres ont balbutié, combien de pensées se sont éveillées, efforcées et tendues, combien de souffrances ont été subies, de sacrifices acceptés, de vies offertes, pour mettre à sa disposition ces caractères d'imprimerie, ces petits morceaux de plomb qui, en quelques heures répandent sur le monde, par

millions d'exemplaires, l'innombrable
essaim des idées, ces vingt-quatre
petites lettres noires où l'homme réduit et représente le système du
monde ! Et plus il avancera dans la
vie, plus il verra croître sa dette, car
chaque jour un nouveau profit sortira pour lui de l'usage de l'outillage
matériel et intellectuel créé par l'humanité ; dette, à chaque pas sur la
route qu'au prix de mille peines et
souvent de mille morts les hommes
ont construite à travers le marais ou
la montagne ; dette, à chaque tour de
roue de la voiture ou du wagon, à
chaque tour d'hélice du navire ; dette,
à chaque consommation d'un produit
de l'agriculture, de l'industrie ou de

la science ; dette envers tous les morts qui ont laissé cet héritage, envers tous ceux dont le travail a transformé la terre, rude et sombre abri des premiers âges, en un immense champ fertile, en une usine créatrice ; dette envers ceux dont la pensée a ravi aux éléments les secrets de leur puissance et les a, par cette puissance même, domptés et asservis ; dette envers ceux dont le génie a su, des apparences innombrables des êtres et des choses, dégager la forme et révéler l'harmonie, dette envers ceux dont la conscience à tiré sa race de l'état de violence et de haine, et l'a peu à peu conduite vers l'état de paix et d'accord.

11.

Mais si cette dette est contractée envers les ancêtres, à qui sommes-nous tenus de l'acquitter ? Ce n'est pas pour chacun de nous en particulier que l'humanité antérieure a amassé ce trésor, ce n'est ni pour une génération déterminée, ni pour un groupe d'hommes distinct. C'est pour tous ceux qui seront appelés à la vie, que tous ceux qui sont morts ont créé ce capital d'idées, de forces et d'utilités. C'est donc envers tous ceux qui viendront après nous, que nous avons reçu des ancêtres charge d'acquitter la dette ; c'est un legs de tout le passé à tout l'avenir. Chaque génération qui passe ne peut vraiment se considérer que comme en étant l'usufruitière, elle n'en est investie qu'à charge de le conserver et de le restituer fidèlement.

Et l'examen plus attentif de la nature de l'héritage conduit à dire en outre : *à charge de l'accroître.*

C'est en effet un dépôt incessamment accru que les hommes se sont transmis. Chaque âge a ajouté quelque chose au legs de l'âge précédent, et c'est la loi de cet accroissement continu du bien commun de l'association, qui forme la loi du contrat entre les générations successives, comme la loi de l'échange des services et de la répartition des charges et des profits est celle du contrat entre les hommes de la même génération.

Nous touchons ici le fond des choses.

Et ce dernier caractère va achever de définir la nature, la cause et l'étendue des droits et des devoirs de l'être social.

Tout être vivant tend à la persistance de l'être ; tout être vivant tend au développement de l'être ; d'où deux nécessités : celle de la conservation et celle du progrès. Dès qu'un être cesse de se développer, la désorganisation commence en lui ; l'immobilité est le commencement de la mort. Et pour l'être humain, doué de raison et de volonté, le développement de cette raison et de cette volonté est une nécessité intérieure aussi rigoureuse que le développement de son corps. Fouillée, interprétant le mot de Leibnitz :

« Le présent est gros de l'avenir », a
dit avec autant d'exactitude que d'éloquence : « Ce qu'on respecte dans
l'homme, c'est moins ce qu'il est actuellement que ce qu'il peut être, c'est le
possible débordant l'actuel, l'idéal
dominant la réalité. C'est pour ainsi
dire la réserve de volonté et d'intelligence enfermée dans une tête humaine,
c'est la progressivité de l'individu,
c'est celle de l'espèce même qui repose
en partie sur cette tête, que nous res-
pectons et appelons droit [1]. »

Ce qui est vrai de l'être humain l'est
nécessairement de l'association humaine,
et, en effet, l'histoire nous montre
clairement la continuité de son dévelop-

1. *Idée du droit*, IV.

pement ; l'histoire de l'humanité, c'est celle de la conquête et de l'utilisation des forces du monde terrestre, réalisée, au prix d'efforts et de sacrifices dont le nombre et la grandeur dépassent tout calcul et toute mesure, par la raison et par la volonté de notre race, afin de permettre à chacun de ses membres de trouver à son tour, à l'heure de son existence, un état où puissent se développer plus librement ses activités et ses facultés, un état d'humanité meilleur, plus satisfaisant à la fois pour son corps, sa pensée et sa conscience.

Ainsi tout homme, au lendemain de sa naissance, en entrant en possession de cet état d'humanité meilleur que lui ont préparé ses ancêtres, contracte, à moins de faillir à la loi d'évolution qui est la loi même de sa vie personnelle et de la vie de son espèce, l'obligation de concourir, par son propre effort, non seulement au maintien de la civilisation dont il va prendre sa part, mais encore au développement ultérieur de cette civilisation [1].

1. On sait en quels vers, dont la précision égale la magnificence, Sully Prudhomme a exprimé cette même pensée.

> Tout être élu dernier de tant d'êtres antiques.
> . . . .
> Et de races dont il descend,
> D'une palme croissante est né dépositaire :

Et s'il faillit à cette tâche, il est « traître »,

> Car avec les vivants les morts font alliance
> Par un legs immémorial,
> Traître à la descendance avant qu'elle respire
> Car, héritier du mieux, il lui laisse le pire,
> Félon, deux fois, à l'idéal.

(*La Justice*, 9ᵉ veille.)

Sa liberté est grevée d'une double dette : dans la répartition des charges qui naturellement et moralement, est la loi de la société, il doit, outre *sa part dans l'échange des services* ce qu'on peut appeler *sa part dans la contribution pour le progrès.*

II

« Peu de propositions générales relatives au siècle dans lequel nous vivons semblent devoir être plus promptement acceptées que celle-ci : la société de notre temps se distingue principalement de celle des générations précédentes par la grande place qui occupe le contrat. »

Cette observation de Sumner-Maine [1] est aujourd'hui une vérité reconnue de tous. Les historiens du droit ne con—

1. *L'Ancien droit*, ch. IX.

testent plus que le progrès des institutions juridiques, publiques ou privées,
peut se mesurer avec certitude à la
proportion dans laquelle « les arrangements d'autorité » y font place « aux
arrangements contractuels ».

Le contrat, librement discuté et fidèlement exécuté des deux parts, devient
la base définitive du droit humain. Là où
la nécessité des choses met les hommes
en rapport sans que leur volonté préalable ait pu discuter les conditions de
l'arrangement à intervenir, la loi qui
fixera entre eux ces conditions ne devra
être *qu'une interprétation et une représentation de l'accord qui eût dû s'établir préalablement entre eux s'ils
avaient pu être également et librement*

consultés : ce sera donc la présomption du consentement qu'auraient donné leurs volontés égales et libres qui sera le seul fondement du droit. Le *quasi-contrat* n'est autre chose que le contrat rétroactivement consenti [1].

1. Ces principes sont ceux que la législation civile reconnaît comme réglant les obligations entre particuliers. Il y a un titre du Code civil consacré aux engagements qui se forment sans convention préalable. « Certains engagements, dit l'article 1370, se forment sans qu'il intervienne aucune convention ni de la part de celui qui s'oblige, ni de la part de celui envers lequel il est obligé ;... les uns... sont les engagements formés involontairement, tels que ceux entre propriétaires voisins, etc. » Les articles 1371 et suivants, qui traitent ensuite de la gestion d'affaires et de la réception du payement de l'indû, donnent là deux exemples des obligations nées de quasi-contrats; mais cette énumération n'est pas limitative. Aubry et Rau (*Droit civil français*, III, § 440) citent précisément

Or, le consentement à un accord, entre deux contractants également libres, dépend sans aucun doute de l'égalité des avantages directs ou indirects que chacun des contractants espère tirer du contrat. C'est, en d'autres termes, l'échange de services sup-

le cas d'une société de fait comme donnant naissance à des obligations réciproques soumises aux mêmes lois : « L'administration d'un objet particulier qui appartient par indivis à plusieurs personnes entre lesquelles il n'existe pas de contrat de société présente, lorsqu'elle est gérée sans mandat par un des copropriétaires de cet objet, tous les caractères d'un quasi-contrat, même au point de vue où se sont placés les rédacteurs du Code; les engagements qui résultent de ce quasi-contrat se règlent, par analogie, d'après les principes relatifs à l'administration des affaires sociales par l'un des associés, modifiés suivant les circonstances par ceux de la gestion d'affaires. »

posés équivalents qui donne à la convention ses conditions naturelles et ses
conditions morales; dans tout contrat
commutatif, c'est l'équivalence présumée des deux prestations réciproques,
de la créance et de la dette, qui détermine la naissance de l'obligation, en
se formant ce que les jurisconsultes
ont appelé « la cause[1] ».

Au fond de toute obligation juridique, publique ou privée, se retrouve
donc cette notion de la dette reconnue
ou présumée reconnue; le devoir de
l'homme envers tous les hommes n'est
pas d'une autre nature : c'est l'idée
d'une dette, cause et mesure de l'obli-

1. Voir AUBRY et RAU, *Droit civil français*, IV,
§ 345.

gation naturelle et morale, et motif suffisant et nécessaire de la sanction sociale, qui doit se rencontrer, en dehors de toutes les conceptions et de tous les systèmes philosophiques, à la base de toute spéculation sur les arrangements sociaux.

Nous avons vu comment la théorie de la solidarité des êtres, et, en particulier, des êtres humains, vérifie et généralise cette idée de la dette de l'homme envers les autres hommes et fonde sur elle, en dehors de toute définition arbitraire et de toute intervention d'une autorité extérieure, la théorie du devoir social.

Les hommes sont en société. C'est là un fait d'ordre naturel, antérieur à leur

consentement, supérieur à leur volonté.
L'homme ne peut se soustraire matériellement ou moralement à l'association humaine. L'homme isolé n'existe
pas.

De là une double conséquence.

Un échange de services s'établit nécessairement entre chacun des hommes
et tous les autres. Le libre développement des facultés, des activités, en un
mot, de l'*être*, ne peut être, pour chacun d'eux, obtenu que grâce au concours des facultés et des activités des
autres hommes du même temps et n'obtient son degré actuel d'intensité et de
plénitude que grâce aux efforts accu-
mulés des facultés et des activités des
hommes du temps passé.

Il y a donc pour chaque homme
vivant, dette envers tous les hommes
vivants, à raison et dans la mesure des
services à lui rendus par l'effort de
tous. Cet échange de services est la
matière du *quasi-contrat d'association*
qui lie tous les hommes, et c'est l'équitable évaluation des services échangés,
c'est-à-dire l'équitable répartition des
profits et des charges, de l'actif et du
passif social qui est l'objet légitime de
la loi sociale.

Il y a en outre, pour chaque homme
vivant, dette envers les générations suivantes à raison des services rendus par
les générations passées. A l'obligation
de concourir aux charges de l'association actuelle, pour l'entretenir et la

conserver, s'ajoute en effet l'obligation de l'accroître, et de concourir, dans les mêmes conditions d'équitable répartition, aux charges de cet accroissement. La cause de cette obligation est, elle aussi, dans la nature des choses. Le capital commun de l'association humaine est un dépôt confié aux hommes vivants, mais ce dépôt n'est pas le dépôt d'une chose immobile et morte, qu'il s'agit de conserver dans l'état où elle est livrée. C'est une organisation vivante en voie de perpétuelle évolution et dont l'évolution ne peut se poursuivre sans la continuité de l'effort constant de tous.

Quant à la répartition des charges qui résultent de cette double dette,

elle sera équitable si tous les associés
sont considérés comme faisant partie
de l'association à titre égal, c'est-à-
dire à titre d'hommes ayant également
le droit de discuter et de consentir ;
si aucune raison de préférence ou de
défaveur particulière n'est invoquée,
pour ou contre aucun d'entre eux, pour
augmenter ou diminuer leur qualité
première, leur titre de contractants ;
si chacun d'eux a bien « cette égalité
de valeur au point de vue du droit »,
sans laquelle le quasi-contrat ne pourrait être considéré comme un contrat
rétroactivement consenti entre des volontés égales et libres.

III

Et l'idée de la *dette*, née du *quasi-contrat d'association*, conduit nécessairement à l'idée de la *sanction* désormais légitime.

Le devoir social n'est pas une pure obligation de conscience, c'est une obligation fondée en droit, à l'exécution de laquelle on ne peut se dérober sans une violation d'une règle précise de justice. La loi positive qui assurera l'exécution de l'obligation sociale ne commettra donc pas un empiètement sur le droit de l'individu; il n'y aura pas là une intervention abusive de la société dans les rapports entre les hommes.

Les économistes reviennent sans cesse à ces deux propositions principales : la société ne doit pas intervenir dans les contrats particuliers ; l'organisation sociale n'est point faite pour rétablir l'égalité entre les hommes : « Il n'y a, dit M. Yves Guyot, d'égalité entre les individus que dans les organismes les plus primitifs ; partout, au contraire, où la vie a un certain développement, nous avons des différences, des variétés de forces et d'aptitudes... ce qui fait la supériorité des civilisations supérieures, c'est la variété de nos aptitudes qui se complètent réciproquement [1] ».

1. YVES GUYOT, *les Préjugés socialistes*, conférence faite à Reims le 24 avril 1895.

Et le même écrivain, allant jusqu'aux conséquences dernières du principe de non-intervention, ajoute en ce qui touche les contrats : « Jamais il n'y a égalité du moment qu'il y a contrat; il y a toujours une partie qui est plus pressée d'acheter que l'autre de vendre, ou une qui est plus pressée de vendre que l'autre d'acheter; est-ce qu'entre deux hommes qui vont contracter, entre deux négociants, il n'y en a pas un plus habile que l'autre?... C'est la concurrence, cela, et c'est la condition même de la vie... » La société n'a point à intervenir pour modifier cette situation respective, pour diminuer cette inégalité des contractants.

Des philosophes, qui ne sont point

des socialistes, ont souvent répondu à
cette thèse absolue de laisser-faire, non
en contestant la nécessité de la liberté
réciproque des contractants au point de
vue économique, mais en rappelant que
dans l'étude des phénomènes sociaux
le point de vue économique n'est pas le
seul auquel il soit nécessaire de se placer. L'homme n'a pas seulement des
intérêts économiques, il a des intérêts physiologiques, psychologiques et
moraux. Telle solution d'un problème
social peut répondre aux conditions des
lois économiques et ne satisfaire ni aux
nécessités de la vie ni aux besoins de la
conscience. « Le fait économique, dit
excellemment M. Darlu, n'est qu'un élément du fait social. Par exemple, il n'est

guère de fait social qui directement ou
indirectement... ne se présente avec un
caractère politique ; il n'en est pas qui
n'intéresse les mœurs ou la justice et
qui n'ait un caractère moral. Et quand
on a fait abstraction des propriétés économiques, de l'utilité politique, de la
valeur morale d'un phénomène social,
il reste encore sa modalité principale,
son rapport avec l'état de la société : il
affaiblit ou il fortifie la solidarité sociale, il diminue ou il accroît l'unité de
la famille, il se lie à une hiérarchie aris-
tocratique ou il contribue à l'égalité des
citoyen[1], etc. »

Aussi, même dans les pays d'extrême

1. DARLU, *A propos de l'impôt progressif.* (*Revue de métaphysique*, janvier 1895.

liberté, le législateur n'hésite-t-il pas à intervenir entre les contractants particuliers lorsque le contrat intervenu entre eux met en cause des intérêts généraux autres que l'intérêt économique proprement dit : c'est ainsi que les lois imposent, dans l'intérêt de la stabilité de la famille, certaines règles dans les contrats entre époux; c'est ainsi qu'elles refusent toute sanction aux conventions dont la cause est immorale, ou dans l'établissement desquelles ont apparu certaines causes « d'inégalité » trop manifestement intolérables : les violences, le dol, ou la fraude ; c'est ainsi encore que, dans certains cas de nécessité publique, guerre, disette, etc., les contrats touchant les denrées nécessaires à l'alimentation nationale sont soumis à des prescriptions spéciales, les échéances des dettes particulières sont protégées, certaines négociations sont purement et simplement interdites, etc.

L'association humaine n'est pas exclusivement constituée en vue des intérêts matériels, auxquels la liberté des échanges donne la plus entière satisfaction ; elle a d'autres objets dont les associés doivent se préoccuper également. Ces intérêts d'ordres divers trouvent satisfaction dans l'application d'autres lois, lois biologiques, psychologiques, morales, auxquelles le *quasi-contrat d'association humaine* doit également obéir pour produire son entier et définitif effet.

13.

Au reste, la seule proposition qu'il soit nécessaire d'établir est celle-ci : la loi positive peut assurer par des sanctions impératives l'acquittement de la dette sociale, l'exécution de l'obligation qui résulte pour chacun des hommes de son état de débiteur envers tous.

Pour établir cette proposition, il est inutile de discuter si la puissance publique a, ou non, le droit d'intervenir dans la formation des contrats passés entre les particuliers. Il s'agit ici des conditions d'un *quasi-contrat général* qui résulte entre les hommes du fait naturel, nécessaire, de leur existence en société et qui a pour objet de régler, non les rapports privés entre chacun et chacun, mais les rapports communs entre chacun et tous, à raison du louage permanent de services et d'utilités que représente l'outillage commun de l'humanité.

Ici, chacun ne peut discuter avec tous ; le fait matériel de la jouissance préexiste d'ailleurs au consentement.

Il ne s'agit pas de l'habileté, de la force, de la supériorité préalables de tel ou tel contractant. Tous sont, par le fait de la jouissance commune, placés dans des conditions identiques au point de vue du droit.

Il s'agit simplement de rechercher dans quelles conditions tous auraient, à titre égal, consenti l'échange avec tous.

En reconnaissant et en sanctionnant la dette sociale, c'est-à-dire en exigeant que chacun des associés, avant de se créer, par de libres contrats particuliers, des créances contre tel ou tel des autres associés, ait acquitté ou s'oblige à acquitter sa dette générale envers tous, la loi positive ne portera aucune atteinte à la liberté de l'individu.

L'association humaine se trouvant formée, par le fait, entre des êtres doués de conscience, la satisfaction de l'idée de justice est au premier rang de ses objets. La reconnaissance et l'acquittement de la dette sociale sont nécessaires à la satisfaction de cette idée, comme peuvent l'être la reconnaissance et l'acquittement de toutes autres dettes consenties entre particuliers. La loi qui exigera de chacun des hommes associés l'exécution de cette obligation primordiale aura un fondement aussi légitime que celle qui assurera ensuite à ce même homme le profit des stipulations particulières qu'il aura pu obtenir de tel ou tel de ses semblables par une convention privée.

IV

En résumé :

La liberté personnelle de l'homme, c'est-à-dire la faculté de tendre au plein développement de son *moi*, est aussi nécessaire au développement de la société qu'au développement de d'individu.

Elle ne doit donc connaître d'autres l:mites que celles que lui oppose naturellement le besoin d'égal développement, c'est-à-dire la liberté personnelle, des autres hommes.

Mais cette liberté ne peut s'exercer que si l'homme profite incessamment des avantages offerts par le milieu social et prend incessamment sa part des utilités de toute sorte que fournit le capital de la société humaine, accru par chaque génération. Une obligation naturelle existe donc pour tout homme de concourir aux charges de l'association dont il partage les profits et de contribuer à la continuité de son développement.

En droit, chacun des hommes est

également tenu de concourir à ces charges, comme en droit, il a un titre égal à prendre part à ces avantages. Son devoir social n'est que l'expression d'une dette ; la répartition de cette dette entre les associés résulte de la nature et de l'objet du quasi-contrat qui les lie et dont la loi positive peut et doit sanctionner les obligations.

La solidarité qui oblige réciproquement les associés trouve donc en elle-même ses lois.

Aucune puissance extérieure, aucune autorité, politique ou sociale, État ou société, ne peut intervenir autrement que pour reconnaître les conditions naturelles de cette répartition.

Nul ne peut créer en dehors d'elles

aucun système légal particulier qui limite ou étende, suivant d'autres principes, le droit ou le devoir au profit ou au détriment d'un groupe d'une classe, d'une catégorie, d'un individu, et qui ajoute aux inégalités naturelles une cause d'inégalité sociale.

Il est donc vrai de dire que la connaissance des lois naturelles de la solidarité des êtres conduit à une théorie d'ensemble des droits et des devoirs de l'homme dans la société. Cette théorie est satisfaisante au point de vue scientifique et au point de vue moral, et répond aux nécessités de la conscience comme aux nécessités de la raison.

On aperçoit les conséquences qu'elle

entraîne et comment elle permet de juger à nouveau les systèmes des diverses écoles politiques ou économiques sur un certain nombre de points toujours discutés : l'impôt, la propriété, l'héritage, l'assistance, l'organisation des services publics.

Dès maintenant, nous pouvons dire qu'elle maintient énergiquement l'égalité politique et civile, qu'elle fortifie et garantit la liberté individuelle, et assure à toutes les facultés humaines leur développement le plus étendu, mais qu'au devoir moral de charité qu'a formulé le christianisme, et à la notion déjà plus précise, mais encore abstraite et dépourvue de sanction, de la fraternité républicaine, elle substitue une obligation quasi contractuelle, ayant, comme on dit en droit, une cause et pouvant, par suite, être soumise à certaines sanctions : celle de la dette de l'homme envers les hommes, source et mesure du devoir rigoureux de la solidarité sociale.

C'est ainsi que la doctrine de la solidarité apparaît, dans l'histoire des idées, comme le développement de la philosophie du xviiie siècle et comme l'achèvement de la théorie politique et sociale dont la Révolution française, sous les trois termes abstraits de liberté, d'égalité et de fraternité, avait donné la première formule au monde.

APPENDICES

I. — Rapport de M. Léon Bourgeois au Congrès d'Éducation Sociale en 1900.

II. — Extrait du compte rendu de la séance du Congrès d'Éducation Sociale du jeudi soir 27 septembre 1900.

III. — Discours de clôture au Congrès d'Éducation Sociale en 1900.

I

Rapport de M. Léon Bourgeois au Congrès d'Éducation Sociale en 1900.

La pensée qui a déterminé quelques citoyens de bonne volonté à prendre l'initiative du *Congrès d'Éducation Sociale* a été présentée par eux au public dans une circulaire dont nous devons résumer ici les passages essentiels (circulaire du Comité d'organisation, juillet 1899) :

« L'idée d'un lien social existant naturellement entre les hommes et de leur responsabilité mutuelle dans les faits sociaux s'est dégagée peu à peu des discussions qui agitent les esprits depuis le milieu du xix⁰ siècle. De là vient la nécessité de rechercher et de déterminer, à la fois suivant les données de la science expérimentale et en vue de satisfaire à l'idée de justice, les conditions de l'association à établir volontairement entre les hommes... Faire pénétrer cette notion nouvelle dans les esprits, faire en un mot l'éducation du *sens social* dans l'humanité, est la tâche qui s'impose désormais à ceux qui poursuivent pacifiquement les solutions du problème social. ».

La recherche des moyens propres à faire l'éducation, non pas simplement de l'honnête homme ou du bon citoyen, mais du véritable *être social*, est donc l'objet même des délibérations de notre Congrès.

Et le programmme de nos travaux énumère les faits, de l'ordre cosmique ou biologique, aussi bien que de l'ordre économique ou politique, dont l'étude objective pourra faire clairement apparaître la loi naturelle de solidarité qui unit tous les hommes, et guidera ainsi l'éducateur dans son enseignement, aussi bien que le législateur dans son action réformatrice.

Mais il ne suffit pas de démontrer l'existence d'une loi générale de solidarité humaine et de donner ainsi aux esprits et aux consciences une simple direction. Certes il est beau et bon d'apprendre aux enfants et aux hommes qu'ils doivent se considérer, non plus comme des isolés, comme des *individus* ayant le droit de mettre en eux-mêmes le but de leur propre existence, mais comme des *associés*, membres de fait et de droit d'une société où toutes les responsabilités sont mutuelles; qu'ils doivent prendre désormais conscience de la *conscience commune* et juger leurs actes particuliers du point de vue nouveau de cette conscience sociale.

Mais pour que ces leçons soient efficaces, pour que ces préceptes se traduisent en actes, pour que le sentiment de la solidarité se détermine en une volonté ferme et durable, pour que se réalise un état supérieur de l'être où, suivant une énergique expression, « l'on vit dans nous et dans chacun comme on sent chacun de ses semblables vivre en soi »[1], il ne suffit pas d'une vue d'ensemble des choses, d'une sorte de conception purement philosophique du monde et de la société.

Une telle conception peut favoriser les penchants généreux, amener d'heureux rapprochements, augmenter le nombre des bonnes actions, des dévouements, des sacrifices, rendre l'altruisme plus étendu, plus agissant. Elle peut, en somme, resserrer entre les hommes les liens de la vie morale, mais elle ne peut prétendre à fonder entre eux une règle nouvelle de *droit social*.

Ce qu'il faut savoir, et ce qu'une analyse précise des conditions objectives de la solidarité peut seule nous apprendre, c'est si les lois de cette solidarité contiennent les fondements d'un véritable droit humain, si leur application peut conduire à une organisation positive où l'accomplissement des obligations sociales mutuelles prendra l'impérieuse évidence d'un acte de

1. Benjamin Constant.

stricte honnêteté, où leur inexécution équivaudra à la violation d'un contrat et pourra entraîner, suivant la règle ordinaire de justice, des sanctions, expression légale des réactions naturelles de l'être lésé par d'autres êtres, comme il en existe déjà en cas d'inexécution des obligations de droit civil ou de droit public.

On ne songe pas, ai-je besoin de le dire, à apporter, dans ce rapport, une réponse suffisante à une question aussi grave, aussi difficile. Ce serait une prétention insupportable. Mais il a semblé au Comité d'organisation qu'il n'était pas de problème plus pressant pour l'humanité, qu'il fallait le poser clairement, le soumettre dans ses termes vrais à l'examen public, qu'il était possible de prendre ici la responsabilité de quelques vérités qui semblent établies, et d'indiquer la méthode qui pourrait mener à de plus complètes solutions.

C'est l'objet du présent rapport. Quelle que soit l'issue des discussions auxquelles il donnera lieu, il vous semblera peut-être que ces discussions auront été utiles. Pour nous, c'est précisément un devoir social que nous croyons accomplir en les provoquant.

*
* *

Parmi les rapports distribués aux membres du Congrès, il en est un qui logiquement précède et prépare celui-ci. Un historien de la philosophie qui est en même temps un mutualiste, un solidariste pratiquant, y a résumé avec une éloquente précision les solutions du problème moral et social successivement proposées par les philosophes de toutes les époques. Du stoïcisme et de l'épicurisme au premier christianisme, de Rousseau à Kant, d'Auguste Comte aux philosophes contemporains, il a montré comment, à chaque conception physique ou métaphysique du monde, avait correspondu un système social, comment à travers tous ces systèmes, l'antinomie avait subsisté, en apparence irréductible, entre les deux tendances, les deux nécessités auxquelles, suivant mille causes, se soumet alternativement l'esprit des hommes : l'ordre et le progrès, la justice et la liberté.

Mais on a pu voir comment à travers ce doute sans fin, malgré les systèmes et les théories, un incessant besoin de conciliation entre les contradictoires, de coordination entre les forces opposées, avait toujours guidé la masse des hommes vers un état d'équilibre, où pourrait se réaliser à la fin, malgré les apparences contraires, plus de justice et plus de liberté

De nos jours, cet instinct longtemps obscur et vague s'est transformé. On a voulu sortir des systèmes et se rendre compte des réalités. Des associations se sont formées, d'abord entre quelques uns pour des objets limités, puis entre des associés toujours plus nombreux et pour des objets toujours plus vastes. Et ces associations ont montré comment la coordination des volontés libres produisait pour chacun et pour tous des résultats supérieurs à ceux de la concurrence égoïste. L'esprit d'association a pénétré partout. Il est en train de révolutionner pacifiquement le monde.

C'est par ces expériences qu'est devenue possible l'étude des conditions dans lesquelles pourrait s'établir pour l'ensemble des activités humaines, pour la société proprement dite, un état de mutualité et de solidarité où la justice et la liberté n'agiraient plus comme des forces contraires.

Et l'on sent croître de toutes parts la volonté réfléchie de poursuivre, par une méthode rationnelle, l'organisation d'un tel état *vraiment social*.

***

Cette organisation est-elle en effet possible ? C'est, nous l'avons dit, à l'analyse exacte des faits qu'il faut seulement le demander. Ici, d'ailleurs, dans une discussion où sont conviés des représentants de toutes les écoles philosophiques, de toutes les opinions politiques, de toutes les croyances, nous devons laisser de côté les vues *a priori*, les considérations d'ordre métaphysique.

Nous ne pouvons prendre pour base que les faits établis, dont la contestation ne peut être sérieusement tentée.

Trois faits essentiels nous apparaissent tout d'abord :

1° L'homme vit dans un état de solidarité naturelle et nécessaire avec tous les hommes. C'est la condition de la *vie*.

2° La société humaine ne se développe que par la liberté de l'individu. C'est la condition du *progrès*.

3° L'homme conçoit et veut la justice. C'est la condition de l'*ordre*.

On ne peut écarter du débat aucun de ces trois faits. Il faut les soumettre à l'analyse.

La société humaine existe, et l'homme y vit nécessairement dans un état d'interdépendance avec ses semblables. Qu'elle soit bonne ou mauvaise, équitable ou oppressive, pacifique ou violente, il y a toujours une société, et ses membres sont, qu'ils le veuillent ou non, solidaires les uns des autres. A tous les points de vue, physique, intellectuel, moral, économique, il n'est pas un homme, quelles que soient sa

volonté et sa puissance, qui ne subisse à toute
heure l'effet des actions de la volonté, de la
pensée, de la vie même de tous les autres
hommes. L'évidence de ce fait, la solidarité
involontaire de tous les hommes, n'est plus dis-
cutée.

La liberté de l'individu est indispensable à
son propre développement. Il ne s'agit point
ici de la liberté métaphysique : que le libre
arbitre existe ou non, que la volonté soit auto-
nome ou déterminée, l'homme se croit libre et
tend au libre emploi de toutes ses facultés.

Chacun, pour assurer sa vie et son développement personnel, applique sa volonté au point
où, pour lui, est le moindre effort. C'est la division du travail, source de la civilisation. Toute
diminution de la liberté, et par suite de l'activité volontaire de l'individu, équivaut à un
arrêt de développement de toute la société
humaine.

Enfin l'homme veut la justice. Il ne s'agit pas
non plus de rechercher ici la valeur en soi de
l'idée de justice, ni son rapport avec quelque
idéal absolu; il ne s'agit pas davantage d'exa-
miner si la justice est pour la société humaine
ce que les métaphysiciens appellent une *fin*.

Nous constatons simplement un fait irréductible. Il y a en chacun des hommes une idée —
à la fois un concept et un sentiment — dont la
négation ou la violation ne manque jamais de

produire en lui une souffrance, et dont il veut que le respect soit assuré.

La société exiset entre des êtres doués de conscience, c'est-à-dire capables de cette notion : la justice. Certes, l'idée de justice prend chez chacun des formes, des significations diverses, mais l'idée même est indestructible.

Analysons ce que l'homme entend par là.

En fait, chacun se représente un état de choses possible auquel il compare la réalité de sa situation. Cet état n'est pas celui qui correspondrait à ses désirs ou à ses besoins; cela s'appellerait d'un autre nom : le bonheur. C'est celui qui correspond à ses qualités, à son effort, à ce qu'il nomme son mérite; si toute l'activité de son moi avait produit le résultat naturel qu'il pouvait, logiquement, produire; si l'ignorance, l'égoïsme, la mauvaise volonté, la haine d'autrui n'étaient intervenus pour détruire, pour diminuer du moins le fruit naturel de ses actes, voilà, pense-t-il, quelle serait sa situation. Il appelle injustice l'inégalité qui existe entre cette situation imaginaire et celle qui lui est réellement faite. Mais il lui eût été impossible de se représenter cette situation idéale par une opération purement abstraite de son esprit. Il a fallu trouver quelque part la matière de cette représentation.

Il a, pour cela, comparé sa situation de fait avec celles d'autres hommes, dont il a considéré les aptitudes, l'activité, l'effort — ce qu'il appelle le mérite — comme égaux aux siens. C'est là seulement qu'il a trouvé une mesure où il pût rapporter sa situation personnelle et d'où il pût déduire la justice ou l'injustice de son sort. Des occasions se sont présentées pour lui d'établir, non plus seulement pour lui-même, mais pour d'autres, des comparaisons semblables. Il a étendu alors à autrui cette notion d'égalité entre le mérite et le résultat obtenu, qui a été le premier élément de son idée de justice. Chaque homme a ainsi renouvelé les mêmes jugements. Et c'est ainsi que s'est formée et fixée définitivement en lui l'idée, non plus seulement personnelle, mais générale, d'une règle commune des mérites et des démérites à laquelle il entend assurer le respect commun.

Mais il est facile de voir quelle valeur a prise ainsi dans la formation du jugement de chacun des hommes la *personne* de ses semblables. En se comparant aux autres, dans cette opération de logique qui n'est, au fond, qu'une simple règle de trois, chacun a nécessairement reconnu à chacun, non pas égalité de fait avec lui-même. mais identité d'aptitude à l'égalité de fait : il a. en d'autres termes, reconnu entre lui et tous l'identité de nature, l'*égalité de valeur sociale* : on ne fait entrer dans un calcul que des quantités de même nature.

Ainsi, ce que nous avons appelé la notion de

justice se ramène à ces termes nouveaux : en fait, l'homme, par là même qu'il est doué de raison et de conscience, c'est-à-dire qu'il a, pour lui-même, le concept et le sentiment de la justice, est nécessairement amené à reconnaître entre tout autre homme et lui une égalité de valeur sociale. S'il s'y refusait, il ne pourrait même pas, en ce qui le touche personnellement, définir et se représenter une injustice. Lorsque, par des raisons tout autres, Kant a dit : « Aucun homme ne peut être considéré comme *moyen* pour nos propres fins[1] », il n'a pas exprimé une pensée différente. L'homme, en résumé, veut que la société soit telle qu'à égalité de mérite pour lui, ou pour toute autre personne humaine, corresponde une égalité de situation.

Les données du problème social sont donc ainsi définitivement posées par les termes, irréductibles et donnés par les faits : solidarité, liberté, justice. Comment peuvent-ils être conciliés ?

*
* *

Il est certain déjà qu'ils ne sont pas inconciliables. Dans un domaine voisin de celui du

1. Kant, *Fondement de la métaphysique des mœurs* : « Agis de telle sorte que tu traites toujours l'humanité soit dans ta personne, soit dans la personne d'autrui, comme une fin, et que tu ne t'en serves jamais comme d'un moyen. »

droit social — dans le domaine du droit privé, qui règle les rapports, non de chacun avec tous, mais de chacun avec chacun, — les législations civiles ont depuis longtemps établi un ensemble de règles qui ont permis à la paix de s'établir et de durer.

Le contrat librement souscrit entre ces parties, est le fondement de la législation privée, comme il est le nœud de la société civile.

La division nécessaire du travail, source, nous l'avons dit, de tout progrès, aboutit naturellement à l'échange de services, instrument de répartition des résultats du travail universel entre les individus. Le contrat privé, à moins qu'il ne soit de pure bienfaisance, est la constatation de cet échange.

Pour que le contrat soit valable, il faut qu'il ait été librement consenti. C'est-à-dire, en somme, trouvé juste par les deux contractants.

On a, je le sais, élevé sur ce point une discussion : « Jamais, a-t-on dit, il n'y a égalité dans un contrat, il y a toujours une partie plus pressée d'acheter que l'autre de vendre, un contractant plus habile que l'autre. » Cela est vrai, mais n'infirme point le principe posé. Il ne s'agit pas de savoir si un tiers trouvera que l'une des parties a fait une affaire meilleure que l'autre, ni même si le résultat ultérieur le démontrera; il s'agit de savoir ce qu'ont pensé, au moment du consentement, les deux parties en présence et si elles ont estimé l'une et l'autre que, tout pesé, elles pouvaient sans dommage donner ce consentement. Les motifs qui me déterminent à vendre un objet m'amènent à le céder à un prix inférieur à sa valeur réelle; ce n'est pas seulement le prix que j'en tire, c'est l'ensemble de mes motifs qu'il faut considérer : c'est là ce qui constitue ce qu'on appelle en droit la *cause* de la convention. Le marché ne se conclut en somme que lorsque le prix se trouve correspondre à la fois à l'ensemble des motifs de chacun des contractants, quand il y a *équivalence dans les causes* de la convention.

De là vient qu'une obligation *sine causa* est nulle de plein droit; de là vient qu'elle est annulable si le consentement n'a pas été donné en pleine *connaissance de cause*, c'est-à-dire s'il y a eu fraude, dol, violence ou même lésion grave, cette lésion faisant présumer que le consentement n'a pas pu être éclairé.

Si ces règles du droit civil ont depuis bien des siècles concilié la liberté et la justice dans les rapports privés entre les hommes, d'où vient qu'elles n'ont pas été invoquées pour régler les rapports publics ou sociaux, c'est-à-dire ceux de chacun des hommes avec l'ensemble des autres, avec la société dont il fait partie?

On n'y pouvait naturellement songer, aux époques du despotisme où l'autorité d'un homme, ou d'une caste, ou d'une classe faisait, par la force, la loi de tous. Mais du jour où la souveraineté des citoyens a été reconnue, où par suite a été admise la nécessité du consentement de tous à l'organisation sociale dont tous font partie, quelles causes ont empêché de remonter aux mêmes principes?

Nous ne l'apercevons pas.

*
* *

Certes, il n'y a pas, en fait, de consentement préalable des contractants, en ce qui touche les obligations sociales. Il n'y a pas pu y en avoir, et c'est l'objection insurmontable qui a ruiné la théorie du *contrat social* de Rousseau.

Cela est vrai, mais puisque la société existe, et qu'elle se maintient en somme par l'acceptation tacite de ceux qui la composent, il y a entre eux ce que le droit civil a depuis longtemps défini sous le nom de *quasi-contrat*; or, le quasi-contrat n'est autre chose qu'un contrat rétroactivement consenti, c'est-à-dire fondé sur l'interprétation des volontés qu'eussent exprimées les parties si elles avaient pu librement intervenir au préalable et donner leur consentement à la formation du lien de droit. Ainsi toutes les règles de la validité du contrat sont applicables à la validité du quasi-contrat, et nous pouvons dire du quasi-contrat, d'où découlent les obligations sociales, qu'il n'est valable que dans les conditions du droit privé, c'est à-dire s'il y a équivalence dans les *causes* du consentement des parties.

Mais peut-il y avoir ici équivalence dans les *causes*? — Cela revient à se demander ce que se proposent les hommes en société, quel est précisément l'objet du quasi-contrat social.

On a dit, brièvement, que cet objet « était de régler les rapports sociaux « suivant la nécessité reconnue par la raison »[1]. Et cette définition d'un sociologue positiviste s'accorde exactement avec celle des métaphysiciens disant que la société est « une liaison systématique d'êtres *raisonnables* réunis par des lois *objectives* communes ayant pour but d'établir entre ces êtres un rapport réciproque de fins et de moyens »[2]. Il y a des lois objectives communes, une nécessité. En dehors des lois naturelles, l'homme ne peut rien. L'objet est d'en tirer par la raison, c'est-à-dire par l'accord des volontés libres, l'arrangement réciproque qui réalisera entre tous l'idée de justice, besoin de la conscience sans la satisfaction duquel la société elle-même ne peut être maintenue.

L'objet du quasi-contrat social est donc en somme celui de tout contrat d'échange valablement consenti : c'est d'établir entre les services

1. Roberty, *Éthique sociale.*
2. Kant, *Règne des fins.*

que, par le fait de la solidarité naturelle, chacun rend à tous et ceux que tous rendent à chacun, ce rapport de justice — l'équivalence — qui peut seule déterminer de part et d'autre le libre consentement.

Or, en fait, chacun des hommes, par son effort, crée chaque jour un produit dont, par la loi naturelle de solidarité, tous les autres hommes profitent. Chaque homme, en échange, jouit de l'ensemble des résultats produits par le travail, présent et antérieurement accumulé, de tous les autres. Mais cette jouissance est deux fois inégale. Elle l'est du fait de la nature et du sort qui dispensent inégalement entre les hommes la santé, l'aptitude physique ou intellectuelle, la durée de la vie — et contre cette cause d'inégalité l'accord des volontés ne peut rien, il n'y pas là matière à consentement et à contrat; mais elle l'est aussi du fait des hommes, de leur ignorance, de leur barbarie, de leur violence, de leur âpreté au gain, en somme d'une longue série d'arrangements sociaux que l'idée de justice n'a point déterminés et pour lesquels le consentement de tous n'eût pas été obtenu.

Pour qu'il y ait validité du quasi-contrat social il faut que cette seconde cause d'inégalité — qui vient des hommes — disparaisse; pour que rétroactivement chacun donne son consentement à la répartition des profits et des charges, il faut chez tous le sentiment ou'elle se fait dans les conditions qui déterminent tout échange, l'équivalence des causes du consentement chez toutes les parties.

Cette équivalence dans l'échange de services entre chacun et tous n'aboutit nullement, il est à peine besoin de le dire, à un prétendu nivellement entre les conditions. Nous ne savons pas si le nivellement des conditions est souhaitable; nous nous contentons de savoir qu'il est impossible. Les inégalités naturelles sont, nous l'avons dit, hors du quasi-contrat social. Il s'agit d'éliminer, des conditions qui faussent la justice de l'échange, celles qui proviennent de la volonté d'une partie des hommes et qui par suite détermineraient raisonnablement l'autre partie à refuser son consentement.

Si toutes les causes d'injustice qui dépendent de la volonté humaine sont écartées, l'échange de services étant, en soi, nécessaire, il ne pourra y avoir une volonté *raisonnable* qui se refuse à le confirmer; comme dans le droit privé, c'est l'équivalence des motifs qui aura déterminé les consentements réciproques : il y aura libre accord entre les sujets parce qu'il y aura eu, à leurs yeux, justice dans l'objet de leur contrat. La solidarité du droit, expression de l'idée de justice, aura été tirée, par la liberté, des lois nécessaires de la solidarité de fait.

*
* *

Le monde est loin d'un tel accord. Il faut bien pourtant qu'il s'établisse, puisque l'existence même d'une *société* véritable est à ce prix. Tant que l'échange des services sociaux semble blesser la notion de justice, il ne peut se réaliser sans résistance, sans contrainte; si un grand nombre d'échanges sont ainsi imposés par la contrainte, le trouble des consciences passe dans les faits, la contrainte est repoussée par la violence. C'est l'histoire de toutes les révolutions.

Quelles causes donc ont empêché jusqu'ici non seulement de réaliser cet accord, mais même, pour beaucoup, d'en espérer la réalisation?

C'est la difficulté, ne craignons pas de dire l'impossibilité, où chacun de nous se trouve d'évaluer, à tout moment, son effort personnel dans l'ensemble du produit social, et d'évaluer en regard l'apport des autres hommes.

L'homme, en effet, naît *débiteur de la société*. Cette idée que l'on trouve à peine indiquée dans l'antiquité s'est développée de nos jours jusqu'à l'évidence. Nous l'avons dit ailleurs, nous ne craignons pas de le répéter : l'homme ne prend pas un aliment, ne manie pas un outil, n'ouvre pas un livre, n'exprime pas une pensée sans

mettre à contribution le fonds social, le travail
accumulé par les autres. Le compte de la part
qui revient vraiment à chacun dans le produit
de ce qu'il appelle son travail personnel devient
ainsi presque impossible à faire. Et cette impossibilité d'une évaluation exacte produit un double
résultat : d'une part, ceux qui sont en possession
de la plus grande somme d'avantages sociaux et
qui en bénéficient sans acquitter vraiment leur
dette envers tous, défendent, comme étant leur
droit, ce qui est de leur part, à leur insu même,
un détournement, dont personne du reste ne
peut faire la preuve contre eux ; d'autre part, les
hommes qui sont privés de la plus grande partie
des avantages sociaux ont le sentiment de leur
créance, ils souffrent, ils se sentent frustrés, ils
réclament leur part, mais ne pouvant exactement mesurer le dommage qui leur est fait et
calculer le juste objet de leur revendication, ils
s'irritent, s'abandonnent à la violence, ou, mécon-
naissant les lois naturelles contre lesquelles
nul ne peut rien, ils rêvent de constituer, par
des arrangements d'autorité, une prétendue cité
de justice d'où disparaîtrait la seule raison de
vivre de l'homme, la liberté.

*
* *

Et cependant le mal est là. Les difficultés
dont nous n'avons pas essayé de diminuer l'im-

portance doivent-elles nous empêcher de le guérir?

Tout d'abord le peut-on par voie législative? Et dans quelle mesure?

Nous ne sommes pas une assemblée politique, mais un Congrès d'éducation. On ne peut donc s'attendre à nous voir entreprendre ici l'étude d'une législation sociale.

Tout au plus pouvons-nous indiquer les principes généraux qui devraient prévaloir dans une législation concordante avec l'idée de solidarité contractante.

Tout d'abord, il ne peut s'agir de demander à ce qu'on appelle *l'État*, de résoudre le problème par voie d'autorité.

L'État! Cette croyance à une sorte d'être supérieur aux hommes, tirant de quelque source mystérieuse une autorité — et sans doute aussi une sagesse — qui lui permettrait de régler au mieux notre sort commun, n'est pas un des moindres obstacles qui aient empêché jusqu'ici de considérer le problème social dans ses réalités objectives.

Nous l'avons dit ailleurs : « L'État est une création des hommes. Il n'y a pas un État isolé de l'homme, et opposé à lui comme un sujet de droits distincts ou comme une personne supérieure à laquelle il serait subordonné. Ce n'est pas entre l'État ou la société et les hommes que se pose le problème, c'est entre les hommes eux-mêmes, seuls êtres réels, seuls sujets possibles d'un droit ou d'une obligation. »

Une loi sociale ne sera donc pas une loi faite par l'État, et par lui imposée aux hommes. Elle ne peut être que la loi consentie par eux-mêmes, c'est-à-dire l'expression de l'accord intervenu entre eux pour déterminer les conditions de leur vie en société.

Ce que nous devons demander à la législation positive, ce n'est pas un arrangement d'autorité, c'est la reconnaissance et la sanction de cet accord.

Il faut donc qu'aucune disposition légale n'intervienne pour détruire, dans l'échange des services, l'*égalité de valeur sociale* des contractants. Aucune loi ne doit pouvoir aggraver les inégalités naturelles des hommes, augmenter arbitrairement la charge de l'un pour diminuer arbitrairement celle des autres.

Pour nous borner à quelques exemples, la loi ne peut créer une inégalité juridique entre les hommes, reconnaître des privilèges de classes ou de castes, établir des monopoles au profit de certains groupes de citoyens; la loi ne peut davantage maintenir un système d'impôt pesant plus lourdement qu'il n'est juste sur une partie des citoyens et ne mesurant pas vraiment la charge de chacun au sacrifice qu'il lui faut faire pour la supporter.

Mais ce sont là les conditions extérieures,

négatives pour ainsi dire, d'une législation conforme aux principes de solidarité. Elles garantissent l'égalité de valeur sociale des parties au moment de l'échange des services; elles n'arrivent pas à établir dans l'échange même l'équivalence des charges et des profits qui déterminera les consentements.

. Cette équivalence, ce n'est pas d'ailleurs une législation spéciale au contrat d'échange de services qui peut l'établir. C'est par voie indirecte seulement, en obtenant pour ainsi dire *au préalable*, de chacun des hommes, l'acquittement de la dette sociale, non envers un associé en particulier mais envers tous, qu'il sera possible de placer les contractants dans un état d'égalité où leur liberté pourra désormais s'exercer sans injustice.

Que les hommes consentent à organiser entre eux des institutions vraiment mutuelles, supportées par tous et ouvertes à tous, ayant pour objet d'assurer à tous les hommes aussi largement que possible l'appui de la force commune, et de les garantir, aussi exactement que possible, contre les risques de la vie commune; que l'instruction soit offerte gratuitement à tous, et dans des conditions telles que tous puissent en réalité en profiter; que cette instruction ne soit pas seulement assurée au degré primaire, mais offerte jusqu'au point où l'aptitude intellectuelle de chacun lui permet d'en tirer vraiment profit; que la vie matérielle soit assurée à ceux qui sont, comme l'enfant, ou l'infirme, dans l'impossibilité de se l'assurer eux-mêmes; que tous les membres de la société s'assurent mutuellement contre les risques que la nature ou la civilisation font courir à tous : maladie, accidents de toute nature, chômage involontaire, vieillesse; et, pour toutes ces causes, et bien d'autres encore que nous ne pouvons énumérer ici, la dette de chacun envers chacun se trouvera d'autant réduite, et, comme on dit en droit, compensée, puisque chacun aura pour l'ensemble des institutions communes consenti sa part de sacrifices et payé d'avance, non à chacun en particulier, mais à tous, sa contribution sociale.

Mais cette solidarisation préalable des charges et des forces sociales qui permettrait aux hommes d'échanger ensuite justement les produits de leur activité personnelle, qui ne voit qu'elle suppose avant tout le *consentement* de tous les hommes aux conditions vraies de la société!

Qui ne voit d'ailleurs que, lors même que toutes les conditions extérieures de justice auraient été préalablement établies avant le contrat, il faudra, en dernier ressort, chez chacune des parties la même *volonté sociale*, c'est-à-dire la résolution de consentir un échange véritable, valable au point de vue de la justice et du droit?

Aussi bien est-ce là qu'est le dernier terme du problème. C'est d'une nouvelle évolution de la conscience des hommes que dépend la solution. Ils ont conquis la liberté et ils ont cru qu'elle suffirait à établir la justice. C'est la solidarité qu'ils doivent d'abord reconnaître et établir pour pouvoir, dans la justice, jouir enfin de la liberté.

Le problème social est, en dernier mot, un problème d'éducation. C'est la pensée première et ce sera la conclusion de notre Congrès.

*
* *

Nous n'avons pas, dans ce rapport spécial, à étudier dans ses détails la question de l'éducation sociale. C'est la tâche de nos collègues.

Il nous suffira d'en avoir déterminé la nécessité et d'en avoir défini l'objet.

L'éducation sociale a ce but : mettre chaque individu dans l'état d'esprit d'un *associé* des autres hommes, elle doit créer en chacun de nous l'*être social*, nous donner l'habitude de nous comporter socialement, c'est-à-dire de payer autant que possible notre dette dans chacun des actes de notre vie, et notamment dans chacun des échanges des produits de notre activité avec ceux de l'activité des autres. C'est ainsi que pour les producteurs « intellectuels » l'instruction doit être un dépôt; il y a obligation sociale pour tout être instruit de communiquer les fruits de cette instruction, qu'il n'aurait pu acquérir si tant d'autres hommes n'avaient tourné leur effort vers les besognes matérielles dont il s'est trouvé ainsi déchargé. C'est ainsi encore que la coopération est la forme légitime de l'organisation du travail, et que la participation aux bénéfices s'impose. Celui qui est en possession du capital reconnaît par là qu'il doit en partie, à l'ensemble du travail accumulé, la formation de ce capital; qu'en conséquence, il ne contracte pas équitablement avec celui qui n'a que son travail si, en dehors du salaire proprement dit de ce travail, il ne lui fait pas sa part dans les profits qui seront retirés de l'opération commune.

L'objet de l'éducation sociale est, pourrait-on dire en somme, de placer chacun, dans les contrats qu'il va passer, au point de vue d'où quelqu'un apercevrait l'ensemble des efforts antérieurs qui lui permettent aujourd'hui l'exercice de son activité et de sa liberté. Qu'est-ce autre chose que de demander à la conscience de chacun des individus de s'élever au rang de ce qu'on pourrait appeler la *conscience commune* ou la *conscience sociale?*

Nous avons pu donner comme exemple, dans une occasion récente, l'histoire d'une grève, où la conciliation a été faite, parce qu'on a obtenu de chacune des parties en cause qu'elle ne se

plaçât plus exclusivement au point de vue de
son intérêt particulier, mais qu'elle voulût bien
considérer cette part de l'intérêt commun qui
était représentée par les intérêts de l'autre. Au
moment même où les patrons et les ouvriers se
furent élevés, les uns et les autres, à ce point de
vue, il y a eu entre eux conscience commune.
Il faut, par l'enseignement et par la pratique de
la solidarité, créer cette conscience commune
entre tous les hommes.

En résumé, dans tous les échanges sociaux,
on peut dire que la condition même de la justice
est, comme dans le contrat privé, la possibilité
pour chacun des deux contractants de changer
de place dans le contrat, sans dommage. Et
cette possibilité de changer de place sans dommage dans un contrat, qu'est-ce autre chose que
la définition même de l'association solidaire,
dans laquelle tous les associés se trouvent, juridiquement comme en fait, dans une perpétuelle
situation de réciprocité? On a parlé de la
« socialisation de la personne »; c'est bien
l'objet de l'éducation.

L'éducation sociale enseignera donc les lois
de la solidarité naturelle; elle montrera comment ces lois ont constitué, à la charge de chacun
des hommes, une obligation née de tous les
travaux et de tout l'effort des autres hommes,
obligation qui doit être acquittée par chacun,
dans la mesure de ses forces et de l'usage qu'il

fait du fonds commun, dans chacun des actes de sa vie sociale. Elle se donnera pour objet d'amener la volonté de chacun d'eux à contracter toujours, en tenant compte de ces faits de solidarité, c'est-à-dire à réaliser en somme la solidarité contractuelle, liquidation, pourrions-nous dire, des injustices de fait qui ont résulté de la méconnaissance de la solidarité naturelle.

*
* *

L'œuvre de cette éducation est rendue facile par les exemples récents, et chaque jour plus nombreux, que le grand mouvement de la mutualité, de la coopération et de l'action syndicale nous met sous les yeux.

Un certain nombre de sociétés se sont formées volontairement, qui tendent à réaliser entre leurs membres, d'une façon plus ou moins complète, les lois de la solidarité. Plusieurs seront étudiées ici, et l'un des objets du Congrès est précisément de discuter quels sont, parmi les divers types de sociétés actuellement existantes, mutualités, syndicats, coopératives, etc., ceux qui se rapprochent le plus du véritable but.

C'est pour faciliter ce travail que la commission d'organisation a publié une notice pouvant servir de guide dans l'examen de chaque société, au point de vue de son « degré de valeur sociale ». Depuis l'association purement commerciale qui se préoccupe seulement d'augmenter les profits personnels de ses membres, jusqu'aux grandes sociétés coopératives qui organisent l'effort collectif pour réaliser une plus grande somme de justice sociale, il y a toute une hiérarchie de sociétés dans lesquelles l'idée de solidarité reçoit des applications de plus en plus formelles, pour aboutir au type supérieur — la réalisation en est déjà ébauchée — d'une société coopérative de consommation qui ferait réaliser par ses membres eux-mêmes, groupés d'ailleurs en coopératives de production, l'ensemble des produits consommés, et les assurerait contre tous les cas de déperdition de forces individuelles [1].

Cette étude expérimentale nous montrera, mieux que toutes les discussions théoriques, comment la libre volonté d'hommes animés de l'esprit social a pu, méthodiquement, entreprendre l'organisation solidaire de l'échange des services, et comment, par cette même volonté libre, le quasi-contrat social, dont nous cherchons la règle, pourra recevoir sa loi et ses sanctions.

⁂

Résumons-nous :
La *Solidarité* naturelle est un fait.

1. Voir les statuts de la Bourse des sociétés ouvrières de consommation.

La *Justice* ne sera. pas réalisée dans la société, tant que chacun des hommes ne reconnaîtra pas la dette qui, du fait de cette solidarité, pèse sur tous, à des degrés divers.

Cette dette est la charge préalable de la liberté humaine; c'est à la libération de cette dette sociale que commence la *Liberté*.

L'*échange des services*, qui forme le nœud de toute société et l'objet du quasi-contrat social, ne peut-être équitable si cette dette n'est pas acquittée par chacun des contractants, suivant ses facultés, sinon envers chacun en particulier, du moins envers tous.

Les lois doivent exclure toute inégalité de valeur sociale entre les contractants; elles doivent aussi, dans la mesure du possible, donner à l'effort de chacun l'appui de la force commune et garantir chacun contre les risques de la vie commune.

Mais aucune disposition législative n'est suffisante pour établir le compte et assurer le paiement exact de la dette sociale.

Il y faut, dans tous les actes de la vie, le consentement de chacun de nous.

Être prêt à consentir dans tous ses actes le *paiement de l'obligation sociale*, c'est être vraiment un associé de la société humaine, un *être social*.

L'objet de l'éducation est de créer en nous l'être social.

C'est dans l'expérience déjà acquise par les nombreuses associations, mutuelles et coopératives de toute nature, que l'éducation sociale trouvera les matériaux et la meilleure source de ses enseignements.

II

Extrait du compte rendu de la séance du Congrès d'Éducation Sociale du jeudi soir 27 septembre 1900.

M. LE PRÉSIDENT. — Je vais mettre en discussion, les unes après les autres, les différentes propositions dans lesquelles M. Léon Bourgeois a condensé sa thèse.

Voici la première proposition :

« La solidarité naturelle est un fait. »

Il est inutile de discuter là-dessus.

Je passe à la seconde proposition :

« La justice ne sera pas réalisée dans la société tant que chacun des hommes ne reconnaîtra pas la dette qui, du fait de cette solidarité, pèse sur lui. »

C'est donc une définition de la justice qui est ici le point essentiel. La justice consiste en ceci : c'est qu'il y a pour chaque individu une dette dont il est redevable envers tous les autres hommes, c'est-à-dire envers la société, dette qu'il doit reconnaître et qu'il doit acquitter. Ce sont les conditions en quelque sorte de la libération de cette dette qui constituent la justice.

Quelqu'un a-t-il des observations à présenter sur ce point?...

Il faut reconnaître que les propositions de M. Léon Bourgeois, qui ont été très profondément méditées et qui sont très condensées, sont d'une discussion difficile.

M. Léon Bourgeois. — Je m'en excuse ! (*Sourires.*)

M. le Président. — Je suis obligé de faire remarquer — et c'est là ma tâche de président — que ce qui fait justement l'intérêt de nos réunions finales, c'est l'importance des résolutions.

Voici la troisième proposition : « Cette dette est à la charge préalable de la liberté humaine. C'est à la libération de la dette sociale que commence la liberté. » (*Mouvement.*)

M. Léon Bourgeois. — Ce point-là évidemment peut soulever une discussion.

J'ai cherché quels étaient les moyens par lesquels il serait possible de concilier l'idée de justice et l'idée de liberté, qui ont toujours été opposées l'une à l'autre dans tous les systèmes.

Il me semble que c'est simplement parce qu'on n'a pas eu occasion de considérer le fait de la solidarité qu'on n'a pas pu accorder les deux principes, les deux idées de justice et de liberté. Si on veut bien reconnaître la dette sociale, le fait que chacun de nous est débiteur envers tous par le fait de la solidarité, et si on veut bien acquitter préalablement cette dette, on est libéré envers tous et on devient libre; tant qu'on n'acquitte pas ce que l'on doit, on n'est pas libre.

La liberté n'est pas quelque chose d'indéfini et d'infini que nous puissions revendiquer sans mesure, sans condition; c'est quelque chose qui se détermine par le fait même qu'il y a d'autres êtres qui prétendent à la même liberté, et la rencontre de ces êtres établit nécessairement des frontières entre leurs activités, entre leurs puissances d'action sur le monde. Jusqu'à présent on s'est borné à dire que les libertés réciproques se limitent par ce qu'on appelle le droit de chacun des individus; mais en quoi cela nous rapproche-t-il de la solution? On a substitué un mot à un autre, le mot de « droit » au mot de « liberté », mais on n'a pas plus défini le droit que la liberté. Nous cherchons au contraire à déterminer les conditions de la liberté. Nous disons que nous n'avons le droit de revendiquer notre liberté que si nous avons acquitté vis-à-vis des autres ce que nous leur devons. Si j'ai, moi, une fortune de 20 000 francs, je suis libre de la dépenser à ma guise. Mais si j'ai un débiteur de 18 000 francs sur ces 20 000, et si le titre de cette créance est valable contre moi, je ne suis pas libre de dépenser 20 000 francs; je suis libre simplement d'en dépenser 2 000; ma fortune est égale à la différence qui existe entre l'actif que je possède et le passif qui appartient à mon créancier. Dans la société il en est de même : tant que nous n'avons pas payé aux autres ce que nous leur devons, nous ne sommes pas libres; si nous avons, au contraire, acquitté, notre dette, nous avons réalisé les conditions de notre liberté; étant libérés, nous sommes libres.

La formule de la Révolution française est : liberté, égalité, fraternité. Ai-je besoin de dire que nous n'entendons rien abandonner de cette formule ? Nos observations tendent simplement à modifier l'ordre de ses trois termes. La solidarité est le fait premier, antérieur à toute organisation sociale; elle est en même temps la raison d'être objective de la fraternité. C'est par elle qu'il faut commencer. *Solidarité* d'abord, puis *égalité* ou *justice*, ce qui est en vérité la même chose; enfin, *liberté*. Voilà, semble-t-il, l'ordre nécessaire des trois idées où la Révolution résume la vérité sociale. (*Applaudissements.*)

M. LE PRÉSIDENT. — La parole est à M. Buisson.

M. BUISSON. — Nous sommes ici tout à fait sur un terrain scientifique. Mais si nous parlons un langage suffisamment précis, ce terme de « dette sociale », dont M. le président a tiré un très grand profit, sous-entend une sorte de vue théorique que peut-être la réalité ne confirme pas exactement. Il me semble que M. Bourgeois refait, sur un autre terrain, je ne

dirai pas la même erreur, — ce n'est pas une erreur,
— mais la même faute volontaire, la même affirmation de parti pris — très généreuse et très belle
sans doute — qu'ont faite les hommes de 1889 et
ceux de 1848. Les uns et les autres sont partis de
l'homme idéal et par conséquent de la liberté
idéale, de l'égalité idéale, et ainsi de suite. A son
tour, ici, M. Bourgeois paraît partir de l'homme idéal,
qui est l'homme normal. Normalement cet homme-
là est débiteur envers la société. Soit, mais ce qu'il
doit à la société tout d'abord c'est la vie. Il faut
donc commencer par poser en principe que la vie
est un bien et que la somme des hérédités que nous
devons à nos ancêtres c'est une somme de biens.
Mais il y a une immense quantité d'êtres vivants,
de nos contemporains, qui ne disent pas cela, qui
prétendent, au contraire, que la vie n'est pas un
bien, qui se plaignent de leurs ancêtres et de la
société, et du présent et du passé.

Il m'est arrivé quelquefois dans les conférences,
dans les causeries aux universités populaires par
exemple, de citer, dans l'excellent ouvrage où
M. Bourgeois a esquissé son système et qui nous
est familier à tous, une des belles pages où il met
en lumière d'une manière si saisissante cette idée
de dette sociale. Eh bien, j'avoue que j'ai été plusieurs fois arrêté par des réflexions, non pas bru-
tales, mais précises et formelles. « Ah! oui, me
disait-on, cela c'est très bien, vous en parlez à votre
aise de ce que nous devons à nos pères, de ce que
nous devons à la société; mais un tel lui doit sa
maladie, un autre son infirmité, un autre d'autres
tares physiques, psychiques, etc. » Il y a toute une
série d'exceptions à la prétendue dette, qui devient
une quantité négative.

Ce mot de « dette sociale », que veut-il dire?
Est-ce une métaphore? est-ce un terme précis? un
terme de droit? et si c'est un terme de droit, dans

quelle mesure est-ce une dette? Serait-ce un legs à compter sous bénéfice d'inventaire?

M. Bourgeois disait tout à l'heure : j'ai 20 000 francs, j'en dois 18 000, je suis libre de disposer de la différence entre ces deux sommes. Faudra-t-il donc calculer notre dette individu par individu? Un tel individu dira alors : « Moi, je ne dois rien à la société, ou plutôt je lui dois une vie qui est une douleur perpétuelle, une souffrance continuelle! Je ne l'ai' pas demandée, je la subis, et sais ce qu'il m'en coûte ».

Que répondre à cela? Et ce n'est pas là un cas exceptionnel, c'est le discours que tient la grande foule des misérables. Et qui oserait dire qu'ils n'ont pas été pendant des siècles la majorité? A ne parler que des hommes de notre temps et de notre société, j'admets qu'à tout prendre ils aient tort de dire qu'ils ne doivent rien. On doit toujours quelque chose, n'eût-on reçu que l'existence. Mais que représente au juste ce « quelque chose »? Voilà ce qu'il faudrait pouvoir mesurer. Pour être vraiment une « dette », ne faut-il pas que la « dette » soit mesurable? Ne faut-il pas savoir combien on a reçu, combien on a à rembourser, à qui, en quelle forme, etc.? Faute de toutes ces précisions, le mot « dette » serait-il autre chose qu'une nouvelle métaphore, un nouveau terme d'une langue philosophique empruntant les apparences de la langue juridique? Une « dette » globale, générale, incalculable et inacquittable serait-elle autre chose qu'un « devoir »? C'est là-dessus que je voudrais quelques explications.

M. Léon Bourgeois. — Les observations très utiles de M. Buisson portent sur deux points, que je lui demande la permission de traiter séparément. Il nous a dit, d'abord, qu'un grand nombre d'êtres ne trouvaient pas que le cadeau de la vie fût agréable et n'estimaient pas que la vie, dans son ensemble, telle que nos ancêtres nous l'ont léguée, fût un bien. Voilà le premier point.

Messieurs, cela n'est que trop vrai. Mais si la vie dans son ensemble, telle qu'elle est faite par les nécessités du passé, peut être considérée comme mauvaise par un grand nombre des humains, c'est précisément parce que, telle qu'elle nous est faite, elle résulte d'une série d'états antérieurs où l'idée de justice n'est point intervenue, où les échanges de services ont toujours été réglés par des arrangements d'autorité, sans liberté véritable pour les contractants, sans égalité, sans solidarité entre eux.

Je suis loin de dire que la vie, telle qu'elle se présente à nous, soit bonne aujourd'hui pour tous les hommes; je dis, au contraire, que la vie a été faite par des arrangements antérieurs où la justice n'a pas eu de part, ou du moins a eu une part insuffisante, et que par conséquent, à l'heure où nous sommes, quelques-uns se trouvent avoir une part d'avantages trop considérables au point de vue matériel ou au point de vue moral, en proportion de ce qui a été laissé, dans le fonds commun, aux moins favorisés de la naissance et de la fortune.

Et j'arrive au second point soulevé par mon

17.

éminent ami Buisson, en posant alors cette question :

Pourquoi la vie est-elle mauvaise pour un grand nombre ? précisément parce que les autres n'ont pas payé et ne payent pas vis-à-vis d'eux ce que j'appelle la dette sociale. (*Applaudissements.*)

Certes, tous les hommes, et même les plus humbles, doivent quelque chose, je crois l'avoir montré, au travail accumulé de l'humanité tout entière, et sans cet effort collectif, la masse des malheureux serait certainement bien plus misérable encore. Mais ce n'est pas au malheureux que je vais réclamer sa part de la dette sociale. Sans doute dans l'ensemble des produits du travail humain, sa part de profit existe, mais elle est infiniment petite, et il ne reçoit peut-être même pas l'équitable rémunération de ce que son travail personnel ajoute à cet ensemble de produits. Mais il y a, au contraire, à côté de lui, ceux à qui a profité le plus largement l'ensemble du travail général, qui en jouissent, à toute heure et de mille manières, quelquefois dans l'oisiveté et sans y rien ajouter de leur effort personnel, et ceux-là sont loin de payer pour la jouissance de ce fonds commun la part qui leur incombe.

C'est à ceux-là que je réclame le paiement de leur dette sociale...

Un Membre. — Qui les obligera à payer cette dette ?

M. Léon Bourgeois. — C'est là tout le problème de la législation sociale. Permettez-moi de ne point répondre à tous à la fois et de m'en tenir, pour le moment, à la question de M. Buisson. Il craint qu'en employant le mot de *dette*, ou le mot d'*obligation*, qui est à mes yeux équivalent, je me sois à tort servi d'un terme juridique, alors qu'il n'y a derrière ce mot qu'une métaphore; il me reproche en somme de confondre la langue du droit et celle de la politique et du sentiment. Ma réponse est que je crois bien être dans le domaine du droit; je considère en effet qu'il n'y a aucune différence de nature entre le contrat qu'un particulier passe avec un autre particulier pour un échange de services privés, et le contrat que nous passons avec tous pour l'échange des services sociaux. C'est bien, dans les deux cas, un échange de services, et j'ai montré qu'il n'y a d'échange valable, en droit, que quand il y a égalité de situation entre les deux contractants, c'est-à-dire quand il y a équivalence dans les causes de leur consentement. Or, aujourd'hui, l'échange de services entre chacun des hommes et tous ne s'accomplit nullement dans ces conditions de justice; il y a certains des contractants qui, par la supériorité de leur situation déjà acquise et due, pour une part tout au moins, à l'injustice du passé, se présentent à l'échange dans des conditions exceptionnellement favorables; les autres sont, vis-à-vis d'eux, dans un état d'infériorité qui rompt à leur détriment tout équilibre.

Ceux-ci ne sont pas cependant libres de ne pas consentir, et l'ensemble des échanges de services sociaux, ainsi imposés entre tous et tous, aboutit à une répartition telle des charges que nul contrat de droit privé ne serait admis comme valable s'il donnait les mêmes résultats.

Il reste donc bien une dette, dans le sens strict du mot, à acquitter par les bénéficiaires d'un état de choses aussi manifestement contraire aux principes généraux du droit.

Vous dites : il n'y a pas moyen de savoir exactement quelle est la différence de situation de chacun. Je suis de votre avis, et j'ai reconnu très nettement qu'il n'était pas possible de faire un compte individu par individu.

S'il était possible de le faire, il n'y aurait plus de discussion. Vous vous rappelez l'admirable poésie de Sully-Prudhomme :

> Le laboureur m'a dit en songe : Fais ton pain,
> Je ne te nourris plus, gratte la terre et sème.
> Le tisserand m'a dit : Fais tes habits toi-même,
> Et le maçon m'a dit : Prends la truelle en main.

Si je pouvais dire à celui qui me demande le prix d'une table, de déduire de la rémunération, de ce qu'il croit être le fruit de son activité personnelle, tout ce qui, dans ce produit, provient de l'activité antérieure ou contemporaine

des autres hommes, et faire en réalité ce
décompte avec lui, le problème serait résolu.
Mais cela est matériellement impossible, et, pour
tout service offert à l'échange, nous sommes
obligés d'accepter un prix en bloc qui prétend
comprendre la rémunération de toutes les collaborations préalables, sans qu'il soit possible
de savoir jamais si, en vérité, ces collaborations
ont été exactement et justement rémunérées.
Ce qui — disons-le en passant — explique pourquoi les conditions d'un contrat de travail
quelconque ne peuvent être imposées par voie
d'autorité, puisque aucune autorité ne pourrait arriver à analyser et à déterminer avec
justice les innombrables éléments incorporés
dans un même produit.

A plus forte raison en est-il de même dans
l'échange des services sociaux, qui ne met pas
chaque individu en présence d'un autre individu, mais chacun en présence de tous. Il n'y a
pas, il n'y aura jamais de moyen direct de placer ici les hommes dans cette situation où
l'équivalence des causes détermine le contrat.
Et c'est là cependant que seraient seulement la
vérité et le droit.

C'est seulement par un moyen indirect qu'il
est possible de les rapprocher, toujours davantage, de cette situation. Ce moyen, nous l'avons
indiqué. Puisque chacun ne peut, à chaque
moment de l'infini mouvement d'échanges dont

se compose la vie sociale, payer à chacun des
autres hommes ce qui peut lui être dû en particulier, il faut qu'il consente à payer à l'ensemble des hommes, à la société tout entière, ce
qu'il doit à ces innombrables inconnus dont il
est bien le débiteur.

Et cette dette il la paiera, pratiquement, par
sa contribution équitable dans l'ensemble des
institutions de solidarité sociale dont nous
avons très rapidement indiqué l'objet et les
dispositions générales.

Quel doit être le but de ces institutions?
Nous l'avons dit, il faut d'abord que chacun
puisse puiser, aussi également que possible,
dans le trésor commun accumulé par le passé;
pour cela il faut que l'ensemble de l'outillage
humain — et j'entends l'outillage intellectuel
aussi bien que l'outillage matériel — soit mis
aussi largement que possible à la disposition de
tous; il faut par conséquent que nous consen-
tions tous à supporter les dépenses nécessaires
à la gratuité de l'enseignement général, et, par
là, j'entends que cet enseignement doit être
gratuitement accessible non seulement au degré
primaire, mais même à un degré plus élevé, si
l'intelligence et les aptitudes de l'enfant lui
permettent d'en tirer un réel profit.

L'ensemble des ressources sociales doit en
outre donner à tous la garantie matérielle,
minima, de l'existence. Il n'est pas possible

qu'un seul être humain meure de privations dans une société où la prodigieuse accumulation des produits de la science et du travail universel assure un tel superflu aux plus heureux.

Je n'ai pas besoin de dire que cette garantie de la vie, il ne s'agit pas de la donner à l'homme en diminuant en lui sa liberté d'homme, il ne s'agit pas de le faire vivre sans travailler, s'il peut travailler; il s'agit simplement de le faire vivre quand même il ne peut pas travailler, c'est-à-dire lorsqu'il est infirme, lorsqu'il est arrivé à un état d'invalidité qui ne lui permet plus de se procurer par lui-même ce qui est nécessaire à sa vie, lorsqu'il est, suivant la formule du Conseil supérieur de l'Assistance publique, dans l'impossibilité physique de vivre par lui-même. En ce cas le devoir de tous est de lui assurer ce premier et ce dernier des biens, la vie matérielle.

Mais la vie intellectuelle et matérielle est encore à la merci d'un nombre considérable de risques qui sont eux-mêmes, pour beaucoup, le fait de la société; tels sont les accidents du travail dont on a tant parlé, tel est encore le chômage qui est, il faut bien le reconnaître, un risque social dans un très grand nombre de cas, puisque neuf fois sur dix il arrive qu'un homme cesse de travailler par suite des conditions générales du marché, c'est-à-dire à raison de circontancès indépendantes de sa volonté, et même de faits qu'il ignore absolument.

Messieurs, nous demandons que tous ces risques involontaires soient assurés, et nous demandons que chacun verse, à raison du profit qu'il a tiré lui-même de l'outillage social, sa contribution équitable dans l'ensemble des ressources qui sont nécessaires pour donner à chacun l'assurance contre tous les risques sociaux.

Si chacun de nous paie ainsi sa juste quote-part pour l'instruction, pour l'assistance, pour l'assurance de tous, chacun de nous aura ainsi, dans la mesure du possible, acquitté sa dette vis-à-vis de tous, chacun de nous aura contri-tribué à mettre autant que possible tous les hommes, non pas dans une situation d'égalité absolue, — nous avons dit et répété que les inégalités naturelles empêcheront toujours l'égalité matérielle absolue, — mais dans ce que nous avons appelé une égalité de valeur sociale, c'est-à-dire que nous aurons rapproché tous les hommes du point où ils pourront contracter librement les uns avec les autres, sans autre inégalité que celle qui ne dépend pas de la volonté humaine de faire disparaître.

Ce n'est pas là une solution mesquine. Je n'ai pas dissimulé les difficultés qu'elle comporte. J'y ai, au contraire, insisté. J'ai dit qu'il était impossible de faire le compte individuel de chacun des hommes, mais il est certain qu'il y a un compte à faire. Faisons le compte général et demandons à tous de payer à tous, puisque nous ne savons pas ce que chacun en particulier doit à chacun.

Si nous ne pouvons établir le compte individuel de notre créance et de notre dette envers chacun de nos semblables, nous pouvons du moins *mutualiser*, pour ainsi dire, l'ensemble de nos créances et de nos dettes : 1° en créant cette sorte de trésor commun où chacun versera ce qu'il doit à l'ensemble des autres hommes, c'est-à-dire le loyer de l'usage qu'il fait de l'outillage universel, loyer calculé suivant la loi de progression qui répond à la réalité de ses profits; 2° en admettant pour chacun des hommes le droit de tirer de ce trésor commun sa part minima de créance contre l'ensemble des autres hommes, c'est-à-dire les moyens d'instruire et de développer son espèce, d'échapper aux privations mortelles, de s'assurer contre tous les risques que la société elle-même par son organisation encore injuste leur fait courir, en d'autres termes les moyens de vivre en associé libre dans la société du travail et de l'échange universels.

Messieurs, je crois avoir expliqué maintenant pourquoi j'ai employé le mot de « dette ».

Ce mot, vous le voyez, a dans ma pensée un sens moins philosophique et plus vraiment juridique que ne le croyait notre collègue M. Buisson.

Qu'il me permette de lui dire que ce n'est pas parce qu'on ne peut pas faire le compte d'une dette qu'elle cesse d'être due juridiquement. Il y a des circonstances qui ne permettent pas de faire le compte d'une dette.

Les tribunaux, à chaque instant, décident de la validité d'une créance et renvoient à une date ultérieure pour en faire fixer le montant; c'est ainsi que les frais d'une instance sont mis à la charge d'une partie, sauf le montant à en être, comme on dit : « fixé par état ».

Notre dette envers tous les hommes existe, bien que nous ne puissions en faire le décompte pour chacun d'entre eux. Ce qu'il nous faut faire, c'est la payer dans la mesure où cela nous est possible. En payant à la société ce qu'il nous est possible de payer pour qu'elle assure à chacun le minimum de ce qui peut lui être dû, nous nous rapprocherons de la solution du problème. Nous nous en rapprocherons seulement, et je proclame très haut, comme je l'ai dit en commençant, que cela ne le résout pas tout entier : le problème de la société parfaite est éternel, parce que tout but de perfection est à l'infini. Mais si le but est à l'infini, l'humanité a pour devoir de marcher sans cesse vers lui; les générations actuelles ne pourront l'atteindre; qu'importe si elles laissent à leurs successeurs la possibilité de s'en rapprocher toujours davantage, en plaçant exactement les jalons sur le chemin qui doit y conduire?

Rappelez-vous, messieurs, ce petit chef-d'œuvre de Tolstoï : *Maître et Serviteur.*

C'est la nuit, l'hiver, au milieu des steppes; la neige couvre le sol et le voyageur erre à tâtons dans l'obscurité de cette nuit noire, sur cette surface blanche, sans jamais trouver une borne qui lui indique le chemin. Eh bien ! il me semble que depuis des siècles l'humanité est comme ce voyageur à la recherche de son chemin. Plaçons donc une borne sur la route qu'elle a parcourue, marquons fortement le point où nous sommes arrivés; je crois que nous tenons un point fixe, une notion certaine, celle de la solidarité des hommes et de la dette sociale de chacun de nous; si nous savons bien placer cette borne le long du chemin, et la faire apercevoir à nos successeurs, nous n'aurons pas perdu notre journée! (*Applaudissements.*)

M. TRÉLAT. — On ne peut pas assez applaudir, on ne peut pas assez admirer l'admirable leçon nationale, patriotique, tout ce que vous voudrez, que vient de nous faire M. Léon Bourgeois. Je suis persuadé que M. Buisson a absolument le même sentiment que moi; il ne me l'a pas dit, mais je suis sûr qu'il est conquis et possédé comme moi.

Seulement, je crois que M. Léon Bourgeois n'a pas compris M. Buisson. Je n'ai pas causé avec lui; mais en tout cas je crois que nous avons tous les deux la même opinion.

Vous arrivez, monsieur Bourgeois, à cette conclusion, qui est la seule, c'est que ce n'est ni l'État, ni un Parlement, ni des Parlements, je ne dirai pas qui résoudront la question, puisque vous dites qu'elle ne sera jamais résolue complètement, mais qui indiqueront la solution. Vous dites : c'est l'éducation. Mais nos pères nous ont enseigné un devoir, et pas une dette. Le mot dette est trop petit. Pourquoi abandonner le beau mot de devoir? Je crois que c'est là ce que M. Buisson a voulu dire.

Un membre. — Devoir et dette, c'est la même chose.

M. Trélat. — Non, ce n'est pas la même chose. C'est la même chose dans la pensée de M. Bourgeois, j'en suis convaincu. Mais le mot devoir est plus fort que le mot dette. Un devoir est plus qu'une dette.

M. Léon Bourgeois. — Devoir est l'infinitif dont dette est le substantif! (*On rit.*)

M. Trélat. — Devoir est le superlatif dont dette est le diminutif! (*Nouveaux rires.*)

Personnellement, du reste, je n'avais rien à dire, si ce n'est que je voudrais que mon applaudissement au discours de M. Bourgeois fût fait avec quatre mains. Quand M. Bourgeois me dira d'employer le mot dette, j'emploierai le mot devoir en servant ses idées, et je crois qu'il ne m'en voudra pas. (*Rires et applaudissements.*)

M. le Président. — La parole est à M. Buisson.

M. Buisson. — La seconde explication que nous a donnée M. Bourgeois est aussi admirable et aussi éloquente que la première, mais elle n'est pas tout à fait d'accord avec elle. Dans l'appendice magnifique que vous avez ajouté à votre discours, monsieur Bourgeois, vous venez de nous montrer ce que la société doit; mais c'est là une question toute différente. Vous avez fait sur la dette sociale un travail admirable, qui a arraché les applaudissements de M. Trélat; mais la dette sociale, ce n'est pas la dette de l'individu!

M. Léon Bourgeois. — C'est la dette de chacun envers tous!

M. Buisson. — C'est la dette de la société envers les individus. Je crois qu'il y a tout intérêt à ne pas supprimer l'opposition de ces deux dettes, la dette de l'individu et la dette de la société. L'individu et la société sont dans un certain rapport, comme vous l'avez déclaré, infiniment complexe. Vous renoncez, vous le premier, à mettre ces deux termes en une sorte d'équation mathématique. Seulement il me semble qu'il faut savoir si vous voulez — en employant le mot dette — imposer à l'individu une dette envers la société, ou si vous voulez rappeler à la société ce qu'elle doit à l'individu.

M. Léon Bourgeois. — Je crois qu'il y a un malentendu. J'ai éliminé de la discussion la notion d'un État ayant une existence particulière et distincte des hommes, et la dette dont je parle c'est la dette de chacun des hommes envers celui que nous prenons à un moment déterminé comme le sujet sur lequel nous allons délibérer.

Je prends le sujet A, par exemple, et j'examine sa situation dans l'échange des services qui ont eu lieu entre lui et chacun des autres hommes. Mais réciproquement et nécessairement B, C, D, Z se trouvent dans la même obligation vis-à-vis de tous, et c'est de la réciprocité des dettes de chacun envers tous que naît précisément la solidarité. Et alors, repre-

18.

reprenant l'un d'entre eux, je dis qu'il faut qu'il acquitte sa dette envers les autres, mais tous les autres doivent acquitter leurs dettes envers lui.

C'est pour cela que je préconise la création de cet ensemble d'institutions sociales qui garantiront l'individu contre les risques de la vie.

♦ . . . .

M. LE PRÉSIDENT. — Si personne ne demande plus la parole, je crois que nous pourrions voter sur les différentes propositions de M. Léon Bourgeois. (*Assentiment.*)

Je donne une nouvelle lecture de ces propositions :

« La solidarité naturelle est un fait.

« La justice ne sera pas réalisée dans la société tant que chacun des hommes ne reconnaîtra pas la dette qui, du fait de la solidarité, pèse sur lui. »

M. LÉON BOURGEOIS. — Pour dissiper tout malentendu, je crois qu'on pourrait remplacer les mots « pèse sur lui » par les mots « pèse sur tous ». (*Très bien ! très bien !*)

M. LE PRÉSIDENT. — Nous dirions alors :

« ... Qui, du fait de la solidarité, pèse sur tous. » (*Assentiment général.*)

Je continue :

« Cette dette est à la charge préalable de la liberté humaine. C'est à la libération de la dette sociale que commence la liberté. »

M. BUISSON. — Croyez-vous qu'on puisse voter la teneur de cette proposition ?

M. LÉON BOURGEOIS. — J'ai donné simplement ces propositions comme conclusions de mon rapport.

M. LE PRÉSIDENT. — Par leur tendance, les propositions de M. Bourgeois nous donnent à presque tous une grande satisfaction et je crois qu'il y aurait avantage à ce qu'il sortît de nos discussions d'aujourd'hui un texte précis.

M. Buisson. — Si ce texte est mis aux voix, je suis obligé de faire certaines réserves. En votant la proposition de M. Bourgeois, je crains que nous ne semblions désavouer les idées fondamentales de la philosophie libérale et de la Révolution française. Ce n'est là certainement l'intention ni de M. Bourgeois, ni de personne ici; mais il n'en est pas moins vrai que la proposition ainsi rédigée pourrait le faire supposer. La substitution du mot dette au mot devoir me paraît être une reculade. *Devoir* est beaucoup plus clair et plus vrai que *dette*. Le devoir pour l'individu, c'est la reconnaissance d'une dette qu'il ne peut pas mesurer, et c'est là précisément ce que nous a expliqué M. Bourgeois quand il nous a dit que ce calcul ne pouvait pas être fait exactement. Abandonner le mot *devoir*, qui est très clair et très impératif, pour mettre à la place les mots *dette sociale*, j'avoue que c'est plutôt reculer qu'avancer.

M. Bourgeois a dit, d'autre part, dans une excellente explication qu'il nous a donnée tout à l'heure : les mots « liberté, égalité, fraternité » sont très beaux; mais il y a un mot qui les résume ou qui les complète : c'est le mot « solidarité ». Je suis bien fâché d'être encore sur ce point dans un très grand doute. Je ne crois pas que le mot solidarité remplace ni égale aucun des trois mots de notre devise : liberté, égalité, fraternité. Je crois plutôt qu'il embrouille une question que ces trois mots ont éclairée. Les mots liberté et égalité indiquent les deux premières conditions de l'individu, et le mot fraternité dit plus peut-être pour l'individu que le mot solidarité.

Je crains qu'en substituant le mot solidarité au mot fraternité, nous n'allions à l'encontre de notre but. La solidarité, c'est ce qu'ont très bien connu les républiques antiques ; Athènes et Rome ont connu la solidarité, mais elles n'ont pas du tout connu la liberté, l'égalité et la fraternité. Nous avons ces trois mots-là et ce sont des mots extrêmement explicites. Je veux bien qu'on nous dise, par une explication en quelque sorte scientifique, que ces trois mots reposent sur un fonds commun, qui est la solidarité ; cela ne me suffit pas.

Je suis tout prêt à voter la première proposition, mais pour les autres je dis que c'est avec un très grand doute et avec une très grande peine de cœur que je verrai rayer le mot devoir et le mot fraternité, pour les remplacer par des mots moins clairs et moins justes.

M. Léon Bourgeois. — Il ne s'agit pas de rayer quelque chose de la formule donnée par la Révolution française. Si je pouvais résumer en quatre mots mon opinion, je dirais ceci : La Révolution a fait la Déclaration des droits. Il s'agit d'y ajouter la Déclaration des devoirs.

C'est là que se résume tout l'effort que nous voulons faire. Je laisse de côté la question des mots *devoir* et *dette*, qui n'est pas une question de fond, mais simplement une question de forme. Je dis : la Déclaration des devoirs doit compléter la Déclaration des droits. La Déclaration des devoirs naît du fait de solidarité qui lie les hommes. La solidarité naturelle est injuste. Le but est précisément de redresser l'injustice de cette solidarité naturelle par l'application des principes de justice dans l'échange des services entre les hommes.

Nous ne voulons nullement faire disparaître les mots : liberté, égalité, fraternité, du fronton de nos édifices; nous les maintenons énergiquement; mais il s'agit de les compléter en y ajoutant le mot solidarité.

M. JULES PAYOT. — Je ne puis pas m'associer au désir de M. Buisson, qui voudrait supprimer le mot solidarité, et voici pourquoi : c'est qu'en réalité il s'est introduit dans la conscience française, et européenne aussi, un élément véritablement nouveau, différent de l'ancienne fraternité, et c'est justement cette introduction d'un élément nouveau dont M. Bourgeois, avec une conviction très sincère, nous faisait tout à l'heure l'aveu. Cet élément nouveau, il faut nécessairement le désigner par un mot nouveau. Le mot fraternité, ayant déjà un sens assez vague, ne peut suffire à exprimer ce sentiment nouveau. Aussi je crois que le mot solidarité, désignant quelque chose de tout à fait nouveau, doit être maintenu dans toutes nos propositions. (*Applaudissements.*)

M. GOUFFÉ. — Si par le fait de la naissance chaque individu contracte une dette envers la collectivité, il importe de faire remarquer à la masse des travailleurs que cette dette est lourde surtout pour les heureux, pour ceux qui ont une situation supérieure à la leur; il importe de bien préciser que cette dette doit être proportionnelle, progressive si vous voulez, avec la situation sociale de l'individu dans la collectivité.

Il me semble qu'on pourrait très bien ajouter à l'idée de dette cette idée que la dette sociale contractée par l'individu est proportionnelle, ou progressive, si vous préférez, selon la situation de l'individu dans la collectivité; que, par conséquent, celui qui possède aura naturellement une dette beaucoup plus lourde que celui qui n'a rien. De cette façon, lorsque les ouvriers liront ce texte, ils verront bien quelle est notre pensée.

Et ce mot « solidarité », je souhaiterais qu'on pût le placer le premier, parce que, théoriquement et en fait, il précède tout et c'est de là que naît toute société. Le mot « fraternité » sera toujours le complément nécessaire de toute formule sociale vraiment humaine, mais il correspond à un sentiment, non à une organisation légale; il indique le complément que le sentiment humain demandera toujours d'ajouter à toute convention sociale.

Il y aura toujours, dans toutes les institutions humaines, une part juridique où les obligations de chacun vis-à-vis des autres seront définies, déterminées et sanctionnées; mais il y aura aussi, au delà des obligations juridiques sanctionnées par les lois, une part, au contraire, d'obligations purement morales, qu'aucune sanction légale ne pourra jamais déterminer. Cette part est celle de la fraternité.

On est resté trop longtemps dans cette pensée qu'une fois les droits stricts de liberté et d'égalité assurés aux hommes, il n'y avait plus à remplir vis-à-vis d'eux qu'un devoir purement moral, correspondant à une sorte de penchant de bienveillance réciproque des hommes vis-à-vis les uns des autres; je crois que nous pouvons aller jusqu'à dire qu'il y a entre eux une véritable cause d'obligations réciproques, mutuelles, et susceptibles de sanction; cette cause-là nous la reconnaissons et nous sommes prêts à acquitter les obligations qu'elle nous impose.

Voilà pourquoi j'ai prononcé le mot « solidarité »; voilà pourquoi je dis qu'en en définissant les lois, bien loin de détruire en rien l'œuvre de la

Révolution, nous y ajouterons quelque chose ; nous en confirmons les principes et les sentiments, mais nous affirmons que parmi les devoirs qui découlent de ses principes, il y a une part plus précise, plus rigoureuse, et qui peut être sanctionnée par la société. (*Applaudissements.*)

M. Léon Bourgeois. — Pour vous donner satisfaction, nous avons proposé de mettre le mot « tous » au lieu du mot « lui », qui se trouvait dans la formule primitive. On pourrait dire, si vous le voulez :

« La justice ne sera pas réalisée dans la société tant que chacun des hommes ne reconnaîtra pas la dette qui, du fait de la solidarité, pèse sur tous et doit être acquittée par chacun. »

M. Gouffé. — Peut-être pourrait-on mettre simplement ceci :
« ... Pèse sur tous à des degrés divers. »
Je suis instituteur dans Paris, à Montmartre, je fais également des conférences, et je crois que nous ne réussirons que lorsque nous aurons dissipé toute équivoque.
Une Dame. — Cette formule me paraît excessivement précise et de nature à dissiper toute équivoque.

M. Léon Bourgeois. — Je n'y fais, pour ma part, aucune objection, car c'est bien là notre pensée.

M. le Président. — Il est impossible que cette formule, qui n'est pas un texte de loi, donne satisfaction à tout le monde ; il suffit que sa tendance réponde au vœu de l'assemblée.

M. KOWNACKI. — M. Buisson a exprimé un scrupule. J'en exprime un second, et je demande une explication à M. Bourgeois en m'adressant à l'homme d'État.

M. Bourgeois, dans la communication qu'il nous a faite, nous a parlé du rôle de l'État d'une façon tout à fait atténuée, qui m'a, pour ma part, quelque peu inquiété. Il nous a dit : quand nous aurons payé à la société la dette que nous avons contractée envers elle, nous pourrons jouir de notre liberté. Mais à quel moment cette dette sera-t-elle payée? Quand nous aurons réalisé un ensemble d'institutions, qu'il a énumérées. Mais cet ensemble d'insti tutions, qui les réalisera? Évidemment, ce n'est pas nous individualités, ce sera nous collectivité; ce sera par conséquent l'État, l'État qui représente la conscience sociale, qui représente la justice sociale. Alors je demanderai à M. Bourgeois comment, pour arriver à la réalisation des réformes qu'il a indiquées, comment, pour réaliser le milieu humain où chacun pourra jouir de ses droits, il entend le rôle de l'État.

M. LÉON BOURGEOIS. — M. Kownacki prend le mot « État » à deux points de vue différents. Qu'il me permette de dissiper la petite contradiction dans laquelle il tombe.

J'ai dit que l'État n'était pas un être distinct des hommes, possédant une autorité propre qui lui permette de nous imposer ses conditions, et que par conséquent nous ne pouvions pas admettre que la loi sociale soit autre chose que la loi que nous consentons ensemble. Ce sont les hommes qui contractent envers les hommes. Ce n'est pas l'État qui, en vertu d'une autorité supérieure dont nous n'apercevons pas l'origine et la nature, dicte les lois aux hommes; ce n'est pas lui qui peut intervenir dans les contrats d'échange pour déterminer comment nous échangerons, dans quelles conditions et à quel prix. L'État, c'est tout simplement l'organe d'action commune créé par les hommes eux-mêmes et auquel les hommes délèguent l'exécution de leur propre volonté; la loi n'est que l'expression de cette volonté mutuelle.

Ce que nous avons voulu écarter purement et simplement, c'est cette notion d'un être autoritaire, d'un être supérieur qui pourrait nous imposer sa volonté et régler, en dehors de notre consentement, les conditions de notre vie. (*Applaudissements.*)

Un membre. — Je demande la parole pour ajouter un simple mot. (*Aux voix! — Parlez! parlez!*)
Pour donner satisfaction à M. Buisson et à ceux qui peuvent partager ses scrupules, je demanderai s'il ne serait pas possible de placer dans les conclusions du rapport que nous a présenté M. Bourgeois le mot « devoir » à côté du mot « dette » et le mot « fraternité » à côté du mot « solidarité », la solidarité n'étant en somme que la fraternité en action.
M. le Président. — Les conclusions de M. Bourgeois ayant dans leur rédaction une certaine tournure personnelle, exprimant les idées particulières de l'auteur, ne peuvent naturellement donner satisfaction à tout le monde; elles peuvent ne pas répondre d'une façon absolue à la pensée de chacun des membres du Congrès. Aussi nous pourrions

peut-être voter simplement sur la tendance générale de ces conclusions. (*Mouvements divers.*)

Ou bien le Congrès préfère-t-il voter sur le texte même des propositions?

PLUSIEURS MEMBRES. — Nous demandons que le vote ait lieu sur le texte intégral.

PLUSIEURS AUTRES MEMBRES. — Sur la tendance générale seulement.

M. LE PRÉSIDENT. — L'avis de l'assemblée étant divisé sur cette question, je vais consulter le Congrès pour savoir s'il entend voter sur le texte des propositions ou bien simplement sur la tendance, sur l'esprit général de ces conclusions.

(Le Congrès, consulté, décide que le vote aura lieu sur le texte des propositions.)

M. LE PRÉSIDENT. — En conséquence, je vais mettre aux voix les différentes propositions contenues dans les conclusions de M. Bourgeois.

M. BUISSON. — Je demande que les propositions soient mises aux voix l'une après l'autre.

Mme Hte MEYER. — Le mot solidarité est peut-être un peu vague. Je demande que l'on mette dans la proposition : solidarité paternelle ou maternelle? (*Mouvement.*)

On peut peut-être discuter là-dessus. Mais à qui incombe la dette...

M. LE PRÉSIDENT. — Voici la première proposition :

« La solidarité naturelle est un fait.

« La justice ne sera pas réalisée dans la société tant que chacun des hommes ne reconnaîtra pas la dette qui, du fait de la solidarité, pèse sur tous. »

On a proposé tout à l'heure d'ajouter les mots : « à des degrés divers ». Le Congrès veut-il accepter cette adjonction? (*Assentiment.*)

« ... Pèse sur tous à des degrés divers. Cette dette est la charge préalable de la liberté humaine. C'est à la libération de la dette sociale que commence la liberté. »

Je mets cette proposition aux voix.

(La proposition, mise aux voix, est adoptée.)

M. LE PRÉSIDENT. — Voici la proposition suivante :

« L'échange des services, qui forme le nœud de toute société et l'objet du quasi-contrat social, ne peut être équitable si cette dette n'est pas acquittée par chacun des contractants, sinon envers chacun en particulier, du moins envers tous. »

M. LÉON BOURGEOIS. — C'est l'organisation mutuelle, sociale, nécessaire avant le contrat de travail.

M. BUISSON. — Cette rédaction implique que la dette est payée par chacun! Ce n'est pas votre pensée. La dette n'est pas payée par chacun!

M. LÉON BOURGEOIS. — Chacun des hommes paye à des degrés divers sa contribution.

M. BUISSON. — La dette sociale ne sera pas payée par moi, par exemple, personnellement, ni directement, pas plus envers l'individu qu'envers la société. Ma dette sociale consistera à nommer des députés qui feront des lois de prévoyance, de bienfaisance, etc. Mais ce n'est pas moi qui payerai directement ma dette.

M. LÉON BOURGEOIS. — Par votre contribution à l'ensemble des autres contributions sociales, vous rachetez la dette particulière que vous pouvez devoir envers la société.

UN MEMBRE. — Pour être plus précis, on pourrait dire : par chacun des contractants *suivant ses facultés*. (*Très bien! très bien!*)

M. LÉON BOURGEOIS. — Parfaitement.

M. LE PRÉSIDENT. — Je mets aux voix la proposition, avec l'adjonction proposée :

«L'échange des services, qui forme le nœud de toute société et l'objet du quasi-contrat social ne peut être équitable si cette dette n'est pas acquittée par chacun des contractants, suivant ses facultés, sinon envers chacun en particulier, du moins envers tous.»

(Adopté.)

A ce paragraphe se rattachent les moyens proposés pour acquitter la dette sociale, contenus dans le rapport à la page 90. **M. Léon Bourgeois**, pour laisser à son travail son caractère théorique, ne les a pas rappelés dans ses conclusions, mais, comme ils entrent dans le programme pratique, ils doivent être annexés ici [1].

Nous passons à l'autre proposition :

« Les lois doivent exclure toute inégalité de valeur sociale envers les contractants : elles doivent aussi, dans la mesure du possible, donner à l'effort de chacun l'appui de la force commune et garantir chacun contre les risques de la vie commune. »

(Adopté.)

« Mais aucune disposition législative n'est suffisante pour établir le compte et assurer le payement exact de la dette sociale. »

« Il y faut, dans tous les actes de la vie, le consentement de chacun de nous.

[1]. Le moyen d'assurer l'équité du contrat social par la compensation de la dette peut se résumer en trois termes principaux :

1° Assurance contre le défaut de culture des facultés individuelles.

Que l'instruction soit offerte *gratuitement* à tous dans des conditions telles que tous puissent en réalité en profiter, et non pas seulement au degré primaire, mais jusqu'au point où l'aptitude intellectuelle de chacun lui permet d'en tirer vraiment profit.

2° Assurance contre les incapacités naturelles.

Que la vie matérielle soit assurée à ceux qui sont, comme l'enfant, ou l'infirme, ou le vieillard, dans l'impossibilité de se l'assurer eux-mêmes.

3° Assurance contre les risques sociaux.

Que tous les membres de la société soient assurés mutuellement contre les risques sociaux (accidents, chômage involontaire, etc.).

« Être prêt à consentir dans tous ses actes le payement de l'obligation sociale, c'est être vraiment un associé de la société humaine, un être social.

« L'objet de l'éducation est de créer en nous l'être social. »

(Adopté.)

M. Léon Bourgeois. — Je suis profondément reconnaissant au Congrès d'avoir bien voulu par ses votes confirmer mes propositions. (*Applaudissements.*)

M. le Président. — L'ordre du jour étant épuisé, la séance est levée.

19.

III

Discours de clôture au Congrès d'Éducation Sociale en 1900.

M. Léon Bourgeois, *président.* — Mesdames, Messieurs, quand notre Congrès n'aurait eu d'autre résultat que d'avoir provoqué les paroles que vous venez d'applaudir, et d'avoir déterminé, par conséquent, dans les esprits inquiets, nécessairement inquiets, de camarades de notre collègue, le mouvement de sympathie et de confiance dont avec tant de loyauté et de bienveillance il vient de se faire l'interprète, notre travail n'aurait pas été inutile et notre temps n'aurait pas été perdu. (*Applaudissements.*)

C'est qu'en effet ce que notre Congrès a d'abord mis en lumière, c'est la possibilité de faire se rencontrer sur un même terrain, dans une bonne volonté commune, des hommes appartenant à ce qu'on appelle à tort les différentes classes de la société, appartenant en réalité aux différentes conditions sociales.

Nous avons vu des ouvriers venant de différents points de la France, appartenant aux opinions les plus avancées, partisans des systèmes économiques et sociaux les plus divers, les plus révolutionnaires même, venir ici discuter, pacifiquement d'ailleurs, avec les représentants de l'enseignement public à tous les degrés, avec les hommes appartenant,comme le disait tout à l'heure notre rapporteur général, M. Mabilleau, aux opinions les plus opposées, avec des commerçants, des artistes, des savants, des administrateurs, en somme avec des hommes appartenant à tous les ordres de l'activité humaine.

Eh bien, ceci, avoir réuni sur un même point, dans une suite de discussions de bonne foi, courtoises et paisibles, des hommes qui sont trop souvent habitués à s'ignorer et par conséquent à se méconnaître, c'était déjà faire œuvre de paix et de solidarité. (*Nouveaux applaudissements.*)

En outre, nous pouvons dire que l'idée supérieure, à la fois philosophique et politique, d'une juste solidarité à établir entre les hommes, qui inspire les promoteurs de ce Congrès, et pour l'étude de laquelle ils ont pris l'initiative de ces discussions, nous pouvons dire que cette idée, par ces discussions même, a singulièrement gagné, en précision, en clarté, en étendue, en profondeur.

Elle y a gagné, moins peut-être par la nouveauté des vues théoriques apportées ici par l'une ou par l'autre, que par les nombreuses constatations de faits probants, cités dans nos rapports ou dans nos débats : ce qui nons a frappés tous, c'est le grand nombre des applications déjà faites de l'idée de solidarité, de ses réalisations partielles et déjà fécondes, qui se sont produites dans ces dernières années, avant même que cette idée générale fût elle-même clairement formulée, et pour ainsi dire devenue consciente pour les esprits les mieux disposés.

Il se trouve que l'instinct profond de l'humanité elle-même, cet instinct fait de justice et de bonté, qui anime tous ceux qui s'occupent des œuvres sociales, les avait, dans tous les points du monde, amenés à réaliser déjà, partiellement, je le veux bien, mais d'une façon sensible et saisissable, dans des œuvres très diverses, les idées mêmes dont nous essayons de dégager ici le sens profond, la vérité générale et la lointaine portée. (*Applaudissements.*)

Qu'est-ce qu'ont fait, sinon précéder, préparer, justifier notre œuvre, ces maîtres de l'enseignement, dont **M. Mabilleau** vous rappelait tout à l'heure ou les rapports à notre Congrès, ou les travaux personnels? Qu'est-ce qu'ont fait les maîtres de notre enseignement supérieur, lorsque depuis quelques années ils ont enfin voulu tourner les études supérieures de science et de philosophie vers les objets publics et sociaux? Qu'est-ce qu'ils ont fait, ces maîtres

de l'enseignement supérieur, lorsque, renonçant
à considérer la science, la philosophie, les spé-
culations les plus élevées de l'esprit, comme le
partage, le privilège de quelques-uns, ils ont
essayé d'ouvrir à tous leur enseignement et sont
descendus de leur chaire pour aller dans les
cours d'adultes, dans les universités populaires,
faire à pleine main, largement, le don de tout
ce qu'ils avaient pu conquérir de vérités sur la
nature et sur l'homme, par l'effort de leur
science et de leur méditation. (*Vifs applaudissements.*)

Qu'est-ce qu'on fait les maîtres de notre
enseignement secondaire quand ils se sont, eux
aussi, associés, dans presque toutes les villes,
et jusque dans bien des villages, — on peut le
dire maintenant, car le mouvement a gagné tous
les départements, — à la même œuvre post-
scolaire? Qu'est-ce qu'ont fait ces instituteurs,
dont M. Mabilleau a eu bien raison de dire que
je parlerais de nouveau devant vous avant la
fin de notre réunion, quand, chacun dans sa
petite école, ils ont, spontanément, donné l'enseignement nouveau de la morale sociale?
Sachant qu'ils n'avaient plus le droit de s'appuyer sur telle ou telle idée imposée à l'avance,
par une autorité politique ou religieuse, ils ont,
de bonne foi, avec une passion croissante,
recherché en eux-mêmes, au fond de leur conscience personnelle, les règles de cette morale

commune qu'ils avaient mission de communiquer à ces enfants. Qu'ont-ils ainsi fait, tous ces vaillants maîtres primaires, sinon élaborer, pour ainsi dire, chacun pour soi, chacun chez soi, tout le programme de solidarité sociale que nous essayons aujourd'hui de constituer publiquement et pour tous? (*Longs applaudissements.*)

Et qu'est-ce qu'ont fait, de leur côté, tous ces ouvriers, tous ces travailleurs, peut-être plus méritants encore que tous les autres, quand ils ont constitué toutes ces sociétés, toutes ces associations que nous avons passées en revue, ces mutualités, ces coopératives, ces syndicats, dans lesquels, encore obscurément, avec des difficultés de tous les jours, avec des ignorances inévitables, ils cherchaient à faire profiter leurs camarades, ceux qui les entouraient, en même temps qu'eux-mêmes, du bien social? Ils avaient, eux, je le disais, plus de mérite que personne, car, pour eux, il s'agissait, non plus seulement d'un enseignement par la parole, mais d'un exemple à donner par leurs actes, par leur vie elle-même; il leur fallait, du même coup, gagner le pain quotidien et enseigner le devoir social; il s'agissait de faire de leur modeste instrument de travail personnel l'instrument de libération universelle. (*Salve d'applaudissements.*)

Qu'ont-ils fait tous, sinon, je le répète, préparer et justifier l'œuvre de notre Congrès?

C'est là une chose admirable, et qui montre

combien la route nous sera facile si nous voulons sincèrement avoir confiance dans l'homme, dans ce qu'il y a de bon, de vraiment bon dans l'homme.

Notre collègue nous le disait à l'instant : il suffit souvent de s'être vus, de s'être rencontrés pour faire tomber les défiances; ici, je n'ai pas besoin de le dire, aucun d'entre nous ne poursuit une arrière-pensée personnelle ou politique; ce serait au-dessous de ce que nous faisons ici, au-dessous de notre œuvre. (*Applaudissements.*)

Une même, une seule pensée nous a réunis et nous inspire : agir en hommes en faveur de tous les hommes.

Ayons confiance, et les résistances égoïstes s'affaibliront, les barrières qu'on nous oppose se renverseront, et sur la route les grosses pierres qui devant nous obstruent encore le chemin, se briseront sous nos efforts et tomberont en une poussière où nous serons fiers de laisser la trace de nos pas. (*Vifs applaudissements.*)

Messieurs, dès aujourd'hui nous croyons pouvoir dire que notre Congrès aura un lendemain.

J'espère d'abord qu'il aura un lendemain dans d'autres Congrès où son œuvre sera reprise et continuée. Certainement vous serez tous d'avis qu'il faudra, périodiquement, réunir des assem-

blées semblables à la nôtre, y convoquer avec
vous tous, qui êtes les ouvriers de la première
heure, le plus grand nombre possible d'adhé-
rents nouveaux, y mettre à l'ordre du jour les
nombreuses questions d'applications forcément
laissées de côté dans ce premier Congrès, parce
qu'elles sont encore insuffisamment étudiées,
et peut-être même insuffisamment prévues;
c'est le propre d'une doctrine féconde de multiplier sans cesse ces problèmes, et de montrer
qu'il y a toujours quelque chose de plus à ten-
ter vers le bien. (*Applaudissements.*)

Mais, de ce premier Congrès, lui-même, je
puis affirmer qu'il demeurera quelque chose.

Tout d'abord, une équivoque, à laquelle il a
été fait allusion à plusieurs reprises pendant
nos discussions, est bien définitivement dis-
sipée.

J'avais été, l'autre jour, très frappé d'une
chose : en discutant cette question de la *dette
sociale*, c'est le mot que j'avais employé, ou de
l'obligation sociale, suivant l'expression adoptée
par le Congrès, j'ai appris que cette pensée,
que cette idée d'une dette de chacun envers
tous inquiétait précisément un certain nombre
de travailleurs, parce qu'ils soupçonnaient,
derrière cette pensée, je ne sais quel projet
d'ajouter une charge nouvelle à celles dont ils
étaient déjà surchargés. Je suis très heureux
que les discussions qui ont eu lieu aient nette-

ment dissipé cette inquiétude; elles ont mis en lumière ce que nous appelons la responsabilité mutuelle, et par conséquent la réciprocité de la dette. Cette dette, elle est, par la nature des choses, commune à tous. Mais elle est, en fait, dans l'organisation sociale actuelle, très iné-, galement payée par les uns et par les autres. Ce dont il s'agit, ce n'est pas de la faire payer à ceux qui, tous les jours, sans repos, la payent de leurs efforts, de leur travail, de leur sang et de leur vie, mais c'est, au contraire, de la faire payer à ceux qui, n'ayant pas eu d'effort à faire pour avoir non seulement le nécessaire, mais le superflu de la vie, considèrent qu'ils jouissent librement de ce nécessaire et de ce superflu sans devoir rien à personne. (*Longs applaudissements*).

C'est l'instrument de la justice réparatrice qu'il s'agit, au contraire, de créer et de mettre aux mains, non pas de l'État, — agissant par voie d'autorité et imposant arbitrairement aux hommes les conditions de l'existence sociale, — mais aux mains de tous les hommes consentant volontairement au payement de la dette commune. (*Applaudissements.*)

En somme, Messieurs, toutes nos discussions ont abouti à ramener les rapports nécessaires de justice à la notion d'un contrat d'échange de services entre associés solidaires où, chacun se trouve dans une situation telle qu'il puisse changer de place dans le contrat sans autres désavantages que ceux qui résultent de l'inévitable inégalité naturelle. Et c'est dans un tel contrat, et dans celui-là seulement que pourra se manifester et se réaliser cette idée qui est l'idée suprême, définitive, vers laquelle nous tendons tous également : l'idée d'une conscience commune entre les hommes.

Tout l'objet d'une éducation vraiment sociale est dans ce point : déterminer le consentement des hommes au juste contrat d'échange des services, à ce contrat que consentirait une conscience commune entre tous. Pour cela il faut habituer les hommes à ne pas discuter de leurs droits et de leurs devoirs en se plaçant successivement au point de vue de la situation des autres; les habituer à se placer, surtout lorsqu'ils raisonnent sur leur situation, au point de vue de ceux qui n'ont pas une situation égale à la leur.

Dans les discussions du contrat de travail, par exemple, il faut obtenir du patron qu'il veuille bien sortir un instant de son cabinet, entrer dans l'atelier, se mettre à l'établi, y travailler lui-même; qu'il consente à se considérer pendant quelques instants comme un de ses ouvriers; que, se revêtant par la pensée du bourgeron ou de la blouse, il se représente exactement l'effort, les charges, les privations, les rares et médiocres jouissances de celui-ci, et se demande ce qu'il penserait, ce qu'il consentirait et ce qu'il réclamerait s'il était dans cette situation inférieure. (*Applaudissements prolongés.*)

Mais il faut obtenir de même de l'ouvrier qu'il veuille bien à son tour changer de situation par la pensée, mesurer les responsabilités particulières, les travaux d'une autre nature que le patron a nécessairement à sa charge, l'effort qu'il lui a fallu faire pour conduire une grande entreprise, les qualités d'administration qu'il est obligé de montrer, les risques auxquels il est exposé; il faut qu'il veuille bien tenir compte aussi des nécessités générales de l'industrie, des conditions dans lesquelles s'échangent les produits à travers le monde; qu'il comprenne comment la grève, l'épreuve économique quelle qu'elle soit, peut avoir sa répercussion sur l'industrie tout entière et par contre-coup sur lui-même.

Si le patron s'est ainsi placé au point de vue de l'ouvrier, si l'ouvrier à son tour s'est placé au point de vue du patron, qu'arrive-t-il par cela même ? C'est qu'à un moment donné ils ont nécessairement pensé en commun, c'est qu'à ce moment leur conscience est devenue commune, et l'acte qu'ils accompliront à ce moment-là répondra à la fois à la pensée de justice de l'un et de l'autre, ce sera l'*acte social* conforme à la pensée de justice commune à tous. (*Applaudissements.*)

Messieurs, nous arrivons ainsi, naturellement, à une autre idée, corollaire et conséquence de la première ; par une loi profonde des choses, — c'est la nature des choses, comme le disait tout à l'heure M. Mabilleau, et ce n'est pas notre pensée personnelle qui conduit le monde ; — par une conséquence de la nature des choses, une seconde vérité s'est dégagée clairement de toutes nos discussions.

Cette vérité, la voici : c'est qu'on a tort de proclamer sans cesse que la lutte pour la vie, la concurrence, soit le seul instrument du progrès humain. Certes, la concurrence est un merveilleux excitant de l'initiative individuelle, mais il en est d'autres ; ou plutôt il y a une autre sorte de concurrence que celle qui se propose la lutte pour la vie ; celle-là s'appelle l'émulation et consiste en ceci : avoir un but commun et associer ses forces en vue de ce but commun ; au lieu de perdre la moitié de ses forces à détruire la moitié des forces d'un adversaire pour empêcher celui-ci d'arriver à son but particulier, et pour arriver seul soi-même à son but particulier, concevoir un but qui puisse convenir à l'un et à l'autre, s'unir pour arriver à ce but, et non pas seulement additionner les forces des deux, mais les multiplier les unes par les autres, en marchant coude à coude, épaule contre épaule, vers ce but commun. (*Vifs applaudissements.*)

20.

Certes, ce n'est pas là un moins énergique,
et c'est un plus noble et plus efficace excitant
pour l'activité d'êtres doués de conscience et de
raison ! Faire comprendre aux hommes la puissance bienfaisante de l'association, leur faire
préférer à l'âpre lutte des égoïsmes où les faibles
sont écrasés, où les forts succombent souvent
eux-mêmes aux blessures reçues dans le combat, cette émulation féconde dans l'union pour
la vie commune, tel est le second objet de l'éducation sociale.

Mais, en vérité, cette puissance de l'association qui multiplie le résultat des efforts des
hommes, est-ce donc seulement à la fin du
XIXᵉ siècle que l'on ait commencé à la connaître et à la mesurer ? Non, il y a longtemps
qu'on utilise cette puissance. Mais ce qui dif-
férencie l'idée de l'association dans le passé de
l'idée de l'association telle que nous la conce-
vons aujourd'hui, c'est que la force qui résulte
de l'union, de l'association n'a été, dans le
passé, considérée que comme un instrument
de la concurrence, une arme destinée à satisfaire
l'égoïsme même de quelques-uns, ce qu'on
peut appeler l'égoïsme collectif; on savait très
bien que l'association était une force, mais on
entendait réserver cette force au profit d'un
certain nombre d'intérêts particuliers. L'association ! mais elle a existé de tout temps. Qu'est-
ce que la cité antique au milieu de ceux qu'on

appelait les Barbares? Association, mais association au profit de quelques-uns contre tous les autres hommes, union de quelques individus plus civilisés ou plus forts contre les races moins bien armées. Qu'est-ce que la féodalité? L'association, mais l'association de quelques barons vêtus de fer, unis pour opprimer autour d'eux ceux qui ne portaient pas la même bannière et ne relevaient pas de la même suzeraineté. Qu'est-ce que, à un point de vue différent en apparence, mais, il faut le dire, identique au point de vue moral, qu'est-ce que la corporation ouvrière avant 1789? C'est aussi l'association, mais l'association mise au service de l'intérêt particulier, de l'égoïsme de quelques-uns. Qu'étaient-ce que ces maîtrises qui interdisaient l'exercice d'un métier à qui n'avait pas payé sa dette particulière envers elles, à qui n'avait pas fait l'apprentissage chez elles, à qui ne consentait pas à supporter leurs tarifs et à se faire le défenseur de leurs privilèges? Ces corporations fermées n'étaient-elles pas aussi une sorte de féodalité ouvrière au milieu de la société économique du passé? Elles connaissaient bien, elles utilisaient bien la force de l'association, mais la force de l'association égoïste mise, je le répète, au service de l'intérêt égoïste de quelques-uns. (*Longs applaudissements.*)

Qu'y a-t-il de changé aujourd'hui? Il s'agit

d'employer la même force, de se servir du
même levier, mais, au lieu de réserver le bras
du levier à quelques-uns, il s'agit de le mettre
aux mains de tous.

L'autre jour, notre excellent et éminent ami
Buisson craignait que nous ne fissions une
brèche au corps des doctrines de la Révolution
française, en définissant comme nous l'avons
fait l'*obligation sociale*. Je suis heureux de retrou-
ver ici une occasion de parler de la Révolution
française et de la Déclaration des droits. La
Révolution, ai-je dit, a réglé et organisé la
liberté et l'égalité, mais elle a considéré la fraternité comme un sentiment supérieur, échap-
pant par là même à l'intervention de la loi
positive, et j'ai ajouté l'autre jour qu'il fallait
compléter la Déclaration des droits de l'homme
en faisant la déclaration de ses devoirs.

Je me ferais les plus vifs reproches si cette
façon de parler avait semblé une critique de
l'œuvre de la Révolution. Mais non! La Révolution a fait ce qu'il lui fallait faire, elle a fait
tout ce qu'il était possible de faire au moment
où elle a édicté l'organisation nouvelle. Elle se
trouvait en face d'un ensemble d'institutions
séculaires, nées de la violence et de l'injustice,
uniquement fondées sur l'autorité, et qui sup-
primaient entièrement les libertés de l'individu;
elle se trouvait en face de la royauté de droit
divin, en face de ces classes, de ces castes, de

ces corporations fermées qui faisaient régner le
privilège jusqu'au milieu des plus humbles travailleurs : l'égalité n'était nulle part; nulle place
n'était laissée à la liberté de l'individu. La Révolution est allée au plus pressé : elle a remis
l'individu debout, elle a fait de tous les hommes
des égaux en droit; elle a donné à tous les
les hommes ce premier des biens : la liberté.
Elle ne pouvait pas faire alors davantage ;
elle ne pouvait demander aux hommes de
faire de ce droit nouveau l'usage qu'après
un siècle d'expérience nous pouvons leur
demander d'en faire aujourd'hui. Depuis tant
de siècles, garrotté dans les arrangements d'autorité, l'homme était encore incapable de concevoir ce que pouvait produire cette force inconnue : la liberté! Il fallait d'abord qu'il apprît à
en faire usage; ce que la Révolution a fait, c'est
de lui en donner le moyen.

Le siècle a passé. Vivant enfin dans la liberté,
les hommes se sont persuadé de deux vérités
également nécessaires : d'abord que la liberté
individuelle est la condition première de la vie
et du progrès humain; qu'il faut toujours et en
tout cas la préserver contre toute atteinte; et qu'il
faut défendre, dans l'individu, non pas seulement la liberté de sa vie matérielle, de son travail et de son gain, mais celle de son esprit et
de sa conscience, garantie de toutes les autres.

Puis cette seconde vérité est apparue, que

cette liberté ne serait pas assurée à chacun, si
tous ne reconnaissaient pas une limite à la leur,
et que si chacun, profitant de la force personnelle et des avantages que le hasard a pu lui
donner, se servait de la liberté en égoïste, sans
conditions et sans limites, le résultat indirect
serait de faire promptement disparaître, non
plus comme autrefois par la tyrannie du sou-
verain ou de l'État, mais par la puissance
acquise par quelques hommes, la liberté de
tous les autres.

Ne voyons-nous pas, à l'heure actuelle précisément, dans certains pays, les abus de ce que
nous appelons l'usage égoïste de la liberté?
Qu'est-ce que les *trusts* américains par exemple,
sinon l'abus monstrueux de la liberté de quelques-uns?

Qu'est-ce que ces *trusts*, sinon, par l'abus,
l'instrument de destruction de la liberté du
plus grand nombre ?

Voici un homme en possession du marché
d'une denrée nécessaire à la vie des autres
hommes, ayant assez de capitaux pour influen-
cer ce marché à sa guise, pour se faire payer
le prix qu'il veut de cette denrée par tous les
consommateurs de son pays; voici de même,
pour chacun des autres produits indispensables
à l'existence, un autre homme également maître
du marché. Ces quelques milliardaires arrive-
ront à ruiner des classes entières de la société;

les laissera-t-on dire qu'ils usent purement et simplement de leur liberté personnelle, que leur monopole repose sur la seule liberté?

Voilà l'expérience que ce siècle devait permettre de faire de la force nouvelle qui naissait il y a cent ans au milieu du monde. Cette expérience, nos pères, en 1789, ne l'avaient pu faire : mais s'ils l'avaient connue, qui peut douter de leur sentiment? Ont-ils jamais proclamé la liberté toute seule et ne l'ont-ils pas, au contraire, unie d'un lien indestructible avec les deux autres termes de la formule révolutionnaire, avec l'égalité — c'est-à-dire la justice — et avec la fraternité?

Ainsi s'impose à l'esprit, pour les fils les plus fidèles de la Révolution française, la recherche d'une loi sociale, d'un lien social, dans lequel la liberté devra être conciliée avec la justice. C'est là le point où nous sommes, Messieurs, lorsque nous disons : reconnaissons entre nous un lien commun, ayons une libre volonté commune, associons-nous librement, et la justice sera préservée en même temps que la liberté.

La puissance de l'association, dis-je, on l'a toujours reconnue, mais on en a fait longtemps un mauvais usage; avant 1789, on n'en faisait, nous l'avons montré, qu'un usage abusif. Il faut aujourd'hui que l'association se reconstitue pour le bien, et pour le bien de tous.

Dans les rapports qui ont été présentés sur les différentes associations, mutualistes, coopératives, syndicales, dont on a fait passer les traits généraux sous vos yeux, vous avez vu quels sont les effets puissants de l'association librement consentie, non seulement sur les choses extérieures à elle, mais sur les associés eux-mêmes : l'association n'a pas seulement cet effet de multiplier les forces de chacun des associés, de leur permettre d'exercer une part d'influence beaucoup plus grande sur le monde, de les relever pour ainsi dire contre les servitudes de la matière, mais elle fait plus : vous l'avez vu, elle améliore, elle transforme les associés eux-mêmes. Sa puissance n'est pas seulement économique et matérielle, elle est au plus haut degré une force morale, en ce sens qu'elle transforme peu à peu la conscience même de l'associé.

C'est une chose admirable de voir ce qu'il s'est développé d'esprit de fraternité et de solidarité dans toutes les institutions ouvrières dont nous parlions tout à l'heure.

Je regrette que parmi les rapports qui ont été lus au Congrès, par suite de l'absence de son auteur, on n'ait pas lu celui qui avait trait aux sociétés coopératives de crédit. Il y avait dans les pages de ce rapport certains faits, certains exemples montrant d'une façon admirable comment l'esprit véritable de solidarité, de soli-

darité effective, s'est développé dans ces coopératives de crédit.

L'idée initiale de la coopérative de crédit est
celle « d'une garantie donnée à des capitaux,
ses capitaux servant à cette garantie ». Au
premier abord c'est, semble-t-il, une chose
impossible. Des capitaux ne se garantissent que
par des capitaux, des immeubles, des marchan-
dises, en tous cas des valeurs réalisables. Eh
bien, non ! la coopération de crédit a résolu le
problème : elle arrive à ce résultat que le crédit naît sans qu'il y ait de capital entre les mains
du débiteur; il naît de quoi ? de la *valeur morale*
du débiteur ! Chose nouvelle dans le monde,
véritable révolution ! Consentir à prêter son
argent à quelqu'un, alors que ce quelqu'un ne
peut vous donner aucun gage, alors qu'il n'a ni
une maison, ni une terre, ni un titre, ni une
somme d'argent, ni une créance, rien ! Mon
travail, ma bonne volonté ! Voilà tout ce que
je puis vous offrir ! Voulez-vous sur mon travail et sur ma bonne volonté me faire crédit ? et
voulez-vous me faire crédit, non pas seulement
à moi, M. Pierre, que vous connaissez personnellement et particulièrement, et non pas seulement vous, gros capitaliste, qui pourriez risquer
un peu de votre argent? Non, à moi, travailleur
quelconque, anonyme, du moment que je suis
associé; vous, autre travailleur, qui ne possédez
pas plus que moi !

A la question ainsi posée, les coopératives de crédit ont répondu affirmativement. Elles enseignent que celui-là est *capable d'emprunter* qui est *digne d'emprunter*, et que, par conséquent, celui qui, ayant, dans une société mutuelle de crédit, régulièrement acquitté ses cotisations et fait sa preuve d'honnête homme dans ses rapports sociaux avec ses camarades, mérite par là qu'on lui mette entre les mains un capital, c'est-à-dire l'instrument nécessaire pour créer une entreprise personnelle, échapper bientôt au salaire quotidien, fonder quelque chose pour l'avenir. (*Vifs applaudissements.*)

Et ces coopératives vont plus loin encore.

J'ai noté en particulier un passage qui montre à quelles ingénieuses et fécondes conséquences peut conduire le sentiment de fraternité qui s'est développé dans ces associations. C'est du prêt d'honneur qu'il s'agit. Non seulement on prête de l'argent à l'ouvrier qui travaille; si l'ouvrier travaille, il gagne un certain salaire quotidien, sur lequel, au bout d'un certain temps, il peut amortir sa dette; mais on prête de l'argent à l'ouvrier *qui ne travaille pas* pour une cause matérielle indépendante de sa volonté, et qui, par conséquent, se trouverait à la fois dans l'impossibilité d'emprunter dans les conditions régulières et, ne pouvant pas emprunter, dans l'impossibilité de vivre jusqu'au moment où il pourrait reprendre son travail; à cet ouvrier on fait alors le prêt d'honneur,

« Si le malheur, dit le rapport de M. Rayneri, vient à frapper un vaillant ouvrier, maladie, accident, chômage involontaire, l'association de crédit lui ouvre encore ses rangs, et, sous la forme si ingénieuse du prêt d'honneur, elle lui accordera un modeste crédit réparateur, souvent même sans intérêt, en lui montrant que tout n'est pas égoïste dans ce monde, et qu'il existe des institutions où la fraternité s'exerce sincèrement et se traduit mieux que par formules, en actes. » (*Applaudissements.*)

Ai-je besoin de dire quelles véritables *vertus sociales* se développent nécessairement chez les hommes qui vivent dans de telles associations? Le rapport que j'ai cité nous le montre avec une saisissante netteté : on apprend là peu à peu — sans leçons théoriques, sans enseignement doctrinal, par la vie même, par le fait qu'on est entré et qu'on demeure dans l'association : la fidélité réciproque aux engagements mutuels, la modération de l'esprit de gain, puisque chacun y doit consentir à ce que l'intérêt demandé au camarade ne soit pas trop élevé; — on acquiert l'habitude de la prévoyance non égoïste, le sentiment de la responsabilité; chacun se dit qu'en somme s'il ne travaille pas tel jour, s'il ne fait pas sa journée tout entière, il diminue entre ses mains le gage sur lequel

ont compté les camarades et qu'il commet alors
un acte de malhonnêteté personnelle vis-à-vis
de ceux qui ont eu confiance en lui ; — on comprend les difficultés de l'administration, on sait
ce que c'est que de mener une machine complexe, que de choses il faut prévoir et régler
pour faire vivre et mouvoir un organisme dans
lequel 200, 500, 1 000 volontés humaines sont
associées ; — on se forme ainsi à la discipline
volontaire ; on ne craint plus d'accepter un
sacrifice de temps, de travail, de peine, lorsqu'il s'agit du bien commun. Messieurs, n'est-
ce pas là, sous sa forme la plus vivante, toute
l'éducation sociale ?

Le jour où la masse des citoyens ferait partie
d'associations comme celle-là, je ne dis pas
qu'il deviendrait inutile de donner aux enfants,
dans l'école, les principes de l'éducation sociale,
mais je dis que l'enseignement serait rendu
bien facile, puisque la leçon des maîtres pourrait enfin trouver ses exemples dans la vie
même des chefs de famille.

Ainsi, messieurs, s'achève, dans une pensée
consolante, l'expérience de notre siècle : si elle
nous a montré les périls que l'égoïsme, abusant
de la liberté, peut faire courir à la liberté elle-
même, elle nous enseigne aussi les bienfaits
matériels et moraux que l'homme libre peut
tirer de l'association.

Ces bienfaits de l'association, de l'association

solidaire bien entendu, — c'est en effet seulement de celle-là qu'il s'agit ici, et non pas des associations qui reposent sur l'égoïsme collectif, — je pourrais les résumer tous en un seul mot : elle apprend aux hommes ce que c'est que *la personne humaine.* N'est-ce pas la notion vraie et définitive de la personne humaine que cette notion de l'associé qui est là, en face de soi, la notion du semblable, de l'égal, du frère ? Et cette notion de la personne humaine, c'est le fondement même de toute société véritable.

J'ai cité l'autre jour ce mot de Kant :

« Une société humaine doit être telle qu'aucun des hommes ne puisse se considérer comme un moyen pour servir les fins d'autrui. »

C'est la maxime fondamentale de toute association solidaire. Qu'enseigne-t-elle et que suppose-t-elle en effet? Que chacun s'associe en vue de la fin *commune* et que celui-là *commet,* non plus seulement un acte malhonnête au point de vue habituel du mot, mais une violation du contrat consenti, un manquement au droit que la société a le droit de réprimer, qui augmente injustement sa part du profit commun, qui fait servir à son profit exclusif l'activité commune de ses associés, et qui méconnaît ainsi en chacun d'eux l'associé libre et volontaire, l'égal ayant contracté en raison et en conscience pour la même fin, le semblable, en un mot, la personne humaine.

21.

Et par un admirable retour, ce respect de la personne humaine inspiré par l'esprit de l'association à chacun des associés, va grandir en lui-même le sentiment qu'il a de cette dignité; en l'honorant et en la respectant chez les autres, il en prendra chaque jour pour lui-même une idée plus haute et il comprendra enfin qu'il cesse d'avoir le droit de porter le nom d'homme s'il a violé le libre contrat de justice mutuelle, s'il n'a pas accompli vis-à-vis de l'association humaine tous ses devoirs d'associé humain. (*Applaudissements.*)

Enfin, Messieurs, il est une dernière chose que la vie dans l'association apprend aux associés : et je souhaiterais que la leçon profitât à d'autres, à ceux même qui n'en font pas partie!

Elle apprend à ne pas se haïr. Elle apprend à ne plus croire que le progrès humain peut résulter de l'intolérance et de la haine. Elle apprend que si les hommes ont leurs faiblesses et leurs fautes puisqu'ils sont des hommes, s'il est bien de condamner les uns et de punir les autres, la dignité d'homme qui demeure en eux doit toujours être respectée.

Elle apprend surtout à respecter cette dignité de la personne humaine chez ceux dont on ne partage pas, chez ceux dont on combat même les idées! Ah! Messieurs, quand donc saura-t-on respecter la personne dans le combat contre les idées? (*Applaudissements.*)

Quand donc saura-t-on, comme le disait Rousseau, que « les injures sont les raisons de ceux qui ont tort » (*Nouveaux applaudissements*), que rien n'est plus détestable que les provocations aux guerres intérieures, aux luttes de classes, aux luttes de races, aux luttes de religions, et que ceux-là sont des semeurs de crime qui osent proférer, à cette fin du XIXᵉ siècle, des paroles odieuses de haine entre les enfants d'un même pays! (*Applaudissements répétés.*)

Ah! oui, quand je vois ces prétendus réformateurs et redresseurs de torts avoir l'injure à la bouche, quand je les entends attaquer les personnes, les diffamer, les outrager sous prétexte de rendre l'honneur à la société, je me dis que ce qui les anime, ce n'est pas l'esprit de réforme, c'est l'esprit de violence, qui a ensanglanté la route de l'humanité, c'est la barbarie du passé, la brutale passion des races primitives, et je me répète le mot terrible et vrai du philosophe : « Ce qui s'éveille en eux, c'est la bête! » (*Double salve d'applaudissements.*)

Messieurs, j'ai terminé. Je ne reviendrai pas sur les vœux qui ont été votés, presque tous à l'unanimité, je crois, par le Congrès. Ces vœux, notre rapporteur général nous en a fait tout à l'heure le résumé et il vous a dit combien pour lui-même il avait été difficile de les passer tous en revue; à plus forte raison votre président ne peut s'y essayer. Je voudrais seulement mettre encore en lumière, avant de nous séparer, deux idées essentielles qui se sont fait jour à tous les instants dans nos délibérations.

La première est celle de l'accord qui s'est réalisé si cordialement ici, et qu'il faut arriver à réaliser au dehors, entre les deux principaux groupes d'hommes qui constituent le Congrès, le groupe des travailleurs — employons le mot pour les uns et pour les autres, — des travailleurs manuels et le groupe des travailleurs intellectuels. Notre Congrès leur a demandé : aux travailleurs intellectuels de bien vouloir mettre incessamment, d'une façon toujours plus large, leur personne et leur science au service des autres travailleurs, au service des travailleurs manuels; aux autres, aux travailleurs manuels, on a demandé de bien vouloir se rapprocher le plus possible des travailleurs intellectuels et de prendre confiance en eux; et à tous, des deux côtés, de mettre les mains dans les mains, sans savoir si elles sont noires de charbon ou noires d'encre, et de ne considérer qu'une chose, que ce sont des mains d'hommes. (*Applaudissements prolongés.*)

La seconde pensée n'est que le complément de la première. Elle visait spécialement un autre groupe d'esprits qui était, du reste, brillamment représenté parmi nous, et qui avait répondu largement à notre appel; je veux parler des artistes, j'entends les artistes dans tous les arts, écrivains, littérateurs, poètes, aussi bien que musiciens, peintres, sculpteurs, graveurs, architectes. A tous nous avons dit : Vous non plus, ne restez pas dans votre rêve, et mêlez-vous à notre action. Ne considérez pas la beauté comme un bien personnel qu'on ait le droit de cultiver pour soi-même et pour quelques privilégiés, comme un trésor que l'on puisse emporter, jalousement et égoïstement, avec soi, dans son coin, pour en jouir passionnément et profondément dans le recueillement et dans l'extase individuels.

Le beau qui ne serait le beau que pour un seul, c'est peut-être le curieux et le rare, ce n'est pas le beau. Le beau, le vrai beau, qui n'est que la manifestation sensible dans un objet de l'harmonie universelle, est vraiment pour tout le monde. Si tous ne peuvent le reconnaître et le saisir d'abord, tous par l'éducation sont capables de s'élever à lui. Si vous le connaissez, celui-là, si vous êtes capable de le manifester dans une œuvre, ne gardez pas pour vous ce trésor, ne détournez pas à votre profit par orgueil ou par scepticisme ce bien commun de l'esprit humain. Et n'ayez point d'inquiétude : la beauté est comme la vérité, vous n'en perdrez pas une parcelle en la communiquant à tout le monde. (*Longs applaudissements.*)

Vous avez vu, par les rapports si remarquables que vous avez applaudis, avec quelle génrosité les artistes ont répondu à cet appel de notre Congrès.

Vous savez par quels moyens ingénieux et divers, depuis les cours de dessin et les visites de musées, jusqu'aux excursions pittoresques, aux auditions musicales, aux lectures, aux représentations populaires des chefs-d'œuvre, les artistes de tout ordre se proposent d'apprendre au peuple à ouvrir les yeux, à pénétrer, à reconnaître les conditions de la beauté, dans la nature ou dans l'œuvre d'art.

Je me rappelle le mot de G. Sand : « Ce dont je plains le plus le paysan, disait-elle, c'est qu'il vit toujours au milieu de la nature, *et qu'il ne la voit pas.* »

Eh bien, apprenons-lui à la voir, et donnons-lui, quand la fatigue sera trop grande, quand le manche de la charrue s'échappera de sa main, la force de se redresser, de s'appuyer sur cette charrue, de regarder autour de lui et de comprendre la beauté des choses. (*Vifs applaudissements.*)

Ah! Messieurs, quel couronnement véritable de l'œuvre entreprise si, dans cette grande association mutuelle et solidaire où nous apercevons les traits de la société humaine de demain, à la volonté commune du bien matériel et moral, vient s'ajouter enfin l'émotion commune devant la beauté, si tous les hommes peuvent enfin la connaître, cette émotion que nous avons ressentie à quelque heure choisie, devant un chef-d'œuvre de l'art humain, ou devant un grand spectacle de la terre, qui fait oublier d'un coup toute souffrance et toute misère, qui rend sensible l'idéal et met notre pauvre moi, limité et périssable, en communication d'un instant avec l'éternel et avec l'infini ! (*Applaudissements.*)

Messieurs, je crois que l'œuvre est bonne. J'ai confiance et j'espère. Il me semble que nous serons entendus des ouvriers : vous avez vu tout à l'heure comment ils parlent, ou plutôt comment on parle en leur nom.

Je lisais ces jours-ci dans un travail de M. Andler sur la coopération, cette parole frappante : « Les ouvriers nous font penser à ces captifs qui croyaient être en prison et qui ne s'apercevaient pas que la porte de la prison était ouverte. » La porte n'est peut-être pas encore ouverte tout à fait, mais il suffirait d'une poussée pour l'ouvrir ; seulement il ne suffit pas de la poussée d'un seul, il faut la poussée à plusieurs, la poussée à tous. Unissez-vous pour cette poussée, associez-vous et la porte s'ouvrira comme d'elle-même. (*Applaudissements.*) Et nous disons de même au patron : Vous êtes de l'autre côté de la porte ; eh bien ! de votre côté, faites le même effort et aidez-nous à l'ouvrir ; n'attendez pas que la poussée vienne vous surprendre ; il ne faut pas que lorsque la porte s'ouvrira, quelque chose soit brisé de votre côté. Aidez-nous donc à l'ouvrir, et ne le faites pas par inquiétude et par crainte, faites-le par le sentiment que cela est juste et bon, qu'il ne faut pas de barrière entre le capital et le travail, qu'il faut qu'une même société confonde dans une même justice les uns et les autres, que des deux côtés sont les mêmes droits, les mêmes obligations réciproques, puisque des deux côtés sont les mêmes hommes. (*Applaudissements.*)

Il y a quelques jours, je relisais un admirable article qu'un de vos vice-présidents, un des membres les plus éminents et les plus aimés de ce Congrès, M. Darlu, a consacré à la mémoire d'un homme dont il me plaît de rappeler ici le nom, Félix Pécaut, le grand éducateur moral et social de cette dernière moitié du siècle, et je trouvais cité dans cet article de M. Darlu une lettre que Pécaut écrivait, en 1871, au lendemain de la Commune. Ce passage m'a paru tellement beau qu'il m'a semblé être la conclusion nécessaire de ce que nous disons. Quand nous nous tournons vers ceux qui sont les heureux de ce monde et que nous leur disons : Ouvrez la porte ! nous leur disons très mal ce que Pécaut leur disait si éloquemment au lendemain de la Commune, au moment des répressions terribles que vous savez.

Messieurs, nous ne faisons pas de politique ici, soyez tranquilles, je n'en ferai pas. Mais il y a une politique assez haute pour pouvoir être faite partout : c'est celle du devoir, et celle-là nous la faisons hautement dans ce Congrès. Oui, l'on peut dire qu'il n'y a qu'une politique vraiment conservatrice, c'est la politique de la justice et de la solidarité, car il n'y a que celle-là qui crée la paix. Il n'y aura plus de révolution lorsque la justice sera réalisée dans le monde.

La révolution naît des colères lentement accumulées, du sentiment des injustices obscurément aperçues, de l'impossibilité où sont les uns et les autres de mesurer ce qui est dû et ce qui est payé ; et alors de ces souffrances accumulées naît à un moment donné le cri de violence et de haine. Faisons la justice et la haine se taira. Faisons la justice et la paix régnera. (*Triple salve d'applaudissements.*)

*
* *

Mesdames et Messieurs, c'est avec un grand sentiment de tristesse que je vais être obligé de dire : voici l'heure de notre séparation ; le Congrès, est clos. J'exprime, avant de nous séparer, nos remerciements profonds à tous ceux qui ont contribué à l'organisation et à la préparation de ce Congrès à tous ceux qui, par leur présence, par leur collaboration quotidienne, par les discussions auxquelles ils se sont livrés,

par l'esprit qui les a animés, ont rendu notre
tâche si facile et ont assuré les résultats de nos
travaux.

Pour que ces résultats ne soient pas illu-
soires, pour qu'ils soient durables, j'ai dit tout
à l'heure qu'il serait nécessaire qu'un Congrès
nouveau se réunît à une époque ultérieure.
Vous voudrez bien vous en remettre au bureau
sortant du soin de le convoquer. (*Assentiment.*)

D'autre part, nous avons fondé une Société
d'Éducation Sociale; elle est composée de ceux
qui ont pris l'initiative de l'organisation du
Congrès. Il n'est pas possible qu'il n'y ait pas
une société permanente entre des gens qui
prêchent le principe d'association. Je crois que
nous devons prendre en commun la résolution,
soit d'étendre l'action de la petite société exis-
tante, soit d'en fonder une nouvelle. Ceux d'entre
vous qui voudront se faire inscrire à cet effet
pourront le faire avant de quitter le Congrès, et
vous remettriez au bureau le soin d'étudier les
moyens pratiques d'organisation et de faire
vivre cette association. (*Applaudissements.*)

Après avoir remercié le gouvernement français et les gouvernements étrangers qui sont
représentés ici, et en particulier M. le comte
Skarzinski, qui non seulement a bien voulu être
un assidu au bureau, mais nous a fait une commu-

nication très intéressante (*Applaudissements*), après avoir remercié toutes les bonnes volontés solidaires qui ont ici donné le bon exemple, je déclare close la session du Congrès d'Éducation Sociale. (*Applaudissements.*)

TABLE

321-06 — Coulommiers. Imp. Paul BRODARD. — 13-06.

Questions politiques : La France en 1789 — Décentralisateurs et Fédéralistes — Le Socialisme en 1899 — Que sera le XXe siècle? — par M. ÉMILE FAGUET, de l'Académie française. 1 vol. in-18 jésus, broché. 3 50

« Sous ce titre général, M. Faguet a réuni quatre études dans lesquelles il examine en philosophe et avec la finesse d'analyse, le bon sens critique et la force d'argumentation que l'on sait la marche des événements et l'évolution des doctrines. Mais le travail le plus important est celui où il expose l'état actuel des doctrines socialistes en leur ensemble, montre combien le socialisme actuel est différent de ce qu'il a été jadis, le définit d'abord tel qu'il est en soi, tel qu'il fut en ses commencements, puis marque l'évolution par laquelle il a passé peu à peu de ce qu'il fut à ce qu'il est devenu : un simple parti réformiste, un parti démocratique à tendances égalitaires. »

(Revue des Deux Mondes.)

Problèmes politiques du Temps présent : Sur notre régime parlementaire — Armée et démocratie — Le Socialisme dans la Révolution française — La Liberté de l'Enseignement — par M. ÉMILE FAGUET, de l'Académie française. 1 vol. in-18 jésus, broché. 3 50

« M. Émile Faguet apporte, en ce volume, cette même intelligence subtile et forte et ce même esprit de sincérité qu'il déploie en sa critique des hommes et des œuvres. Sans vouloir donner de conseils, il s'attache du moins à nous expliquer son avis sur toutes les grandes questions qui ont occupé et divisé les esprits jusqu'à la fin du XIXe siècle. Et, comme il nous le dit lui-même avec une modestie charmante, il y a beaucoup de rêves, d'espérances, de souhaits dans ce livre. On y trouvera partout des idées précises et fortes qui s'imposent à la réflexion. »

(Revue de Paris.)

N° 419.

# Librairie Armand Colin

Rue de Mézières, 5, PARIS

PUBLICATIONS
PÉDAGOGIQUES

ENSEIGNEMENT PRIMAIRE

Traité de Pédagogie scolaire, précédé d'un *Cours élémentaire de Psychologie appliquée à l'éducation* et suivi de *Notions d'Administration scolaire*, par MM. **I. Carré**, inspecteur général honoraire, et **Roger Liquier**, directeur d'École normale. Un volume in-18 jésus (7ᵉ ÉDITION revue et mise a jour), broché. . . . **4 fr.**

« Cet admirable *Traité de Pédagogie scolaire* est l'ouvrage le plus important de pédagogie pratique qui ait été écrit depuis Vessiot. Jamais on n'était entré dans un détail aussi minutieux de la pratique de l'enseignement et jamais on n'avait apporté, pour résoudre les mille difficultés auxquelles un maître se heurte à chaque instant dans sa classe, des solutions aussi efficaces, aussi sûres. C'est l'ouvrage qui reflète le mieux l'école moderne, le plus sincère et le plus vrai des traités de pédagogie. »   (*Le Maître pratique*.)

Mémento du Certificat d'aptitude pédagogique, par M. **J. Trabue**, inspecteur de l'Enseignement primaire. Un volume in-18 jésus (3ᵉ ÉDITION mise à jour), broché. . . . . **3 fr.**

« Cet ouvrage a été rédigé en vue de faciliter la préparation à l'examen professionnel du certificat d'aptitude pédagogique. Il renferme des conseils et des directions pratiques sur la manière de traiter par écrit une question de pédagogie ou d'éducation, quelques vues d'ensemble sur l'épreuve orale et une série de questions relatives à cette épreuve. Ce *Mémento* sera certainement un guide précieux pour tous les candidats. »
(*Bulletin de l'Association des anciens élèves de l'École normale de la Seine*.)

Aux Instituteurs et aux Institutrices. *Avant d'entrer dans la vie:* conseils et directions pratiques, par M. **Jules Payot**, agrégé de philosophie, docteur ès lettres, recteur de l'Académie de Chambéry. Un volume in-18 jésus (5ᵉ ÉDITION), broché. . **3 fr. 50**

« Le livre de M. Jules Payot respire l'allégresse et le courage. Il prend le jeune maître à la sortie de l'École normale, il l'installe dans l'école, il le met en relations avec son directeur et assiste à sa première classe ; il lui enseigne le secret de l'autorité, règle le ton de sa voix; il le plie, il le rompt à la pratique des méthodes actives ; puis il l'accompagne dans les divers actes de sa vie publique et de sa vie privée et, avec le même sens pratique, examine son rôle dans les grandes questions du temps présent... *Aux Instituteurs et aux Institutrices* est un livre d'action. »   (DARLU. - *Revue pédagogique*.)

Les idées de M. Bourru (*Délégué cantonal*), par M. Jules Payot. Un vol. in-18 de 400 pages (*8e Édition*), broché . 3 fr. 50

M. J. Payot a réuni dans ce volume une série d'entretiens familiers sur les vérités essentielles de la pédagogie. Rarement cette science a été présentée avec autant de bonne humeur et de malice. Sous une forme charmante, toute pleine de bonhomie, on trouve de suggestifs conseils et mille recettes pédagogiques *vécues*. La question du patriotisme à l'école y est abordée avec une sincérité courageuse ainsi que les questions politiques touchant à la laïcité.

"Le Volume", *Journal des Instituteurs et des Institutrices* (18e Année), paraissant tous les samedis, sous la direction de M. Jules Payot.

ABONNEMENT ANNUEL (du 1er de chaque mois)

France . . . . 6 fr. | Colonies et Union postale. . . . 7 fr.
Le numéro. . . . . 15 cent.

Le Volume est le journal pédagogique qui répond le plus exactement aux besoins présents de notre enseignement laïque et franchement démocratique. Son programme consiste : 1° à donner aux Maîtres les éléments pouvant leur permettre de préparer une classe intéressante, et de la préparer vite et bien ; 2° à les mettre à même de remplir leur mission d'éducateurs dans toutes les œuvres post-scolaires et de jouer un rôle de *conseil* auprès des adultes.

Législation et Jurisprudence de l'Instruction primaire, Répertoire analytique, alphabétique et chronologique, par MM. J. Bouffez, inspecteur de l'Enseignement primaire, et W. Marie-Cardine, ancien inspecteur d'Académie. Un volume in-18 jésus, broché.. 2fr.75; rel. toile, tr. rouges. . . . 3 fr. 50

Annuaire de l'Enseignement primaire, fondé par M. Jost, publié sous la direction de M. Félix Martel, inspecteur général. Chaque année, un vol. in-18 de 650 à 700 pages, broché. . 3 fr. (22 années parues, 1885 à 1906. — L'année 1885, exceptionnellement *net* 10 fr.)

ENSEIGNEMENT POST-SCOLAIRE

Conférences pour les Adultes, publiées sous la direction de M. Charles Dupuy, ancien ministre de l'Instruction publique. (2 séries) : *Chaque série*, un vol. in-12 de 500 pages, br.. . 2 fr.50

1re Série (3e *Édition*) : La solidarité, par Ch. Dupuy ; — Les lectures de l'adulte, par Ad. Dupuy ; — L'alcoolisme, par Gaufrès ; — Distribution géographique des richesses de la France, par P. Foncin ; — L'empire colonial de la France, par J. Chailley-Bert ; — Le budget de la France, par G. Lamy ; — Le suffrage universel, par J. Vieillot, etc., etc.

2e Série (5e *Édition*) : L'aérostation, par Boucheny ; — La prévoyance et l'épargne, par J. Vieillot ; — Victor Hugo, par H. Pauthier ; — La tuberculose, par E. Nicolas ; — Michelet, par J. Fèvre ; — La Chine contemporaine, par Ch. Normand ; — Les sociétés d'assurances mutuelles contre la mortalité du bétail, par Daniel Zolla, etc., etc.

Littérature et Conférences populaires, par M. Paul Crouzet, professeur au lycée de Toulouse. Une brochure in-16 (*Questions du Temps présent*). . . . . 1 fr.

« Tous ceux que préoccupe la grande question de l'éducation populaire liront avec fruit la brochure de M. P. Crouzet. Ils y trouveront des vues élevées et des conseils pratiques. Quiconque devra faire une conférence devant un auditoire populaire se trouvera bien d'avoir parcouru ce petit traité et réfléchi ou discuté avec l'auteur. »   (G. Lanson. — *Revue Universitaire*.)

Nausicaa, pièce en un acte, en vers, tirée de l'*Odyssée*, par M. Maurice Bouchor. Musique de Gluck :
Livret. Brochure in-18. 1 fr. | Partition. Brochure in-8°. 1 fr. 50

Dans ce nouvel ouvrage, M. Maurice Bouchor, ingénieux adaptateur d'Homère, a su faire tenir le plus merveilleux épisode de la divine " Odyssée ". *Nausicaa* s'adresse aux Écoles normales d'Institutrices, aux Associations d'anciennes élèves et aux classes supérieures de nos lycées. Facile à monter et à jouer, cette délicieuse pièce donnera aux jeunes filles la plus aimable leçon d'humanité, de sang-froid et de grâce.

Vers l'Idéal laïque et républicain, *à travers les plus belles pages de toutes les littératures*, recueillies et commentées par MM. H. Maurellet, inspecteur d'Académie, et P. Capdeville, inspecteur de l'Ens. primaire. Un vol. in-18, broché. . 2 fr. 50

La Bible. — Homère. — Sophocle. — Aristophane. — Platon. — Démosthène — Lucrèce. — Virgile. — Tacite. — Dante. — Rabelais. — Cervantès. — Shakespeare. — Descartes. — Pascal. — Corneille. — La Fontaine. — Molière. — Racine. — Montesquieu. — Voltaire. — J.-J. Rousseau. — Goethe. — Chateaubriand. — Lamartine. — A. de Vigny. — Michelet. — Sully Prudhomme, etc.

L'Enseignement de l'Anti-alcoolisme, par M. le Dr Galtier-Boissière. Un volume in-18 jésus (5° Édition), broché. 1 fr. 50

Ce livre est assez simple et assez clair pour convenir à un enseignement populaire, et il est en même temps assez sérieusement documenté pour vivement intéresser les lecteurs d'une culture différente, mais trop souvent ignorants de cette importante question de l'alcoolisme.

Manuel de Gymnastique éducative et corrective, par M. le Lt-Col Dérué, inspecteur de l'éducation physique dans les écoles de Paris, et le Dr E. Laurent, médecin-inspecteur des écoles de Paris. Un vol. in-18 (3° Édition), *71 figures*, rel. toile. . 1 fr. 50

« MM. Dérué et Laurent ont mis en commun, l'un sa science parfaite de l'anatomie et de la physiologie du corps humain, l'autre son expérience consommée de la gymnastique et des armes, tous les deux leur habitude de l'enseignement, et ils ont composé une œuvre complète, dans le cadre d'une méthode rigoureuse et attrayante. » .   (*Annales politiques et littéraires*.)

ENSEIGNEMENT SECONDAIRE

La Réforme de l'Enseignement secondaire, par M. Alexandre Ribot, membre de l'Académie française, député, président de la Commission de l'Enseignement. In-18, br. . . 3 fr. 50

« Disons tout de suite la vérité, la puissance et l'ampleur de l'ouvrage de M. Ribot. C'est une étude magistrale, aussi frappante par la clarté de l'exposition et la sévère beauté de la forme que par la sûreté, la précision et la richesse de l'information. C'est plus qu'un rapport, c'est un livre de haute pédagogie appelé à prendre place à côté des beaux rapports, devenus de beaux livres, de M. Gréard. » *(Le Temps.)*

La Réforme de l'Enseignement par la Philosophie, par M. Alfred Fouillée, membre de l'Institut. Un volume in-18 jésus, broché. . . . . 3 fr.

« Cet ouvrage de M. Fouillée est de ceux qui nécessiteraient une longue analyse et une discussion détaillée, tant il abonde en idées originales et neuves.... Nos maîtres des lycées et des facultés y trouveront tous des sujets de méditations et d'excellents conseils. A l'heure actuelle, ces pages sembleront d'une haute portée morale, civique et sociale. » *(L'Enseignement secondaire.)*

Les Études classiques et la Démocratie, par M. Alfred Fouillée, de l'Institut. Un vol. in-18 jésus, broché. . . . 3 fr.

« M. Fouillée regarde la culture classique comme indispensable au maintien de la grandeur nationale. Sans que l'élévation de la pensée enlève rien à la précision des détails, il expose et soutient avec une grande force persuasive un plan d'enseignement basé sur cette culture. Ce maître-livre sera désormais le bréviaire des amis de l'enseignement classique, et leurs contradicteurs eux-mêmes ne pourront se dispenser d'en faire cas. » *(Le Temps.)*

L'Enseignement secondaire et la Démocratie, par M. Francisque Vial, professeur au lycée Lakanal. Un volume in-18 jésus, broché. . . . . 3 fr. 50
Ouvrage couronné par l'Académie française (prix Bordin).

« C'est l'œuvre d'un esprit très personnel, indépendant et vigoureux.... L'enseignement secondaire, selon M. Vial, doit être littéraire et philosophique, constamment et profondément moral. On rencontre beaucoup de vues originales, suggestives, de pensées fortes, de remarques fécondes, d'idées justes dans le cours de ces analyses. Ce livre est à lire : il oblige à penser et à discuter. » *(G. Lanson. — Revue Universitaire.)*

L'Université et la Société moderne, par M. Gustave Lanson, professeur à la Faculté des lettres de Paris. Un volume in-18 jésus, broché . . . . 4 fr. 50

« Ce livre mérite d'être beaucoup lu. Les opinions très personnelles et modérées de M. Lanson resteront intéressantes, quelles que soient les décisions prises et les réformes consenties. C'est un des plus utiles commentaires et compléments des projets de réformes; il pourra servir de guide aussi à ceux qui auront à les appliquer. » *(L'Enseignement secondaire.)*

Esquisse d'un Enseignement basé sur la Psychologie de l'Enfant, par M. P. Lacombe. Un vol. in-18 (2ᵉ Édition), br.   3 fr.

« Il est certain que l'instruction doit être donnée à l'enfant suivant ses capacités et que l'on fait fausse route en faisant violence à ses instincts naturels. Les idées de M. Lacombe sont hardies, et elles seraient probablement fécondes si on les appliquait. »   (*Bulletin critique*.)

« Cet ouvrage a le rare mérite de n'être pas un recueil de lieux communs. Il est d'une originalité profonde et, malgré la hardiesse de ses conclusions, d'une inspiration généreuse, plein de sens et conçu dans un excellent esprit. »
(Xavier Léon. — *Revue pédagogique*.)

De la Formation des Maîtres de l'Enseignement secondaire à *l'Étranger et en France*, par M. Dugard. Un vol. in-18 jésus (2ᵉ Édition), broché. . . . .   3 fr.

« Après avoir exposé les conditions de la formation des maîtres à l'étranger, M. Dugard nous renseigne sur le mode de préparation des professeurs en France. Cet examen comparatif nous met à même de juger notre propre méthode et de voir les améliorations qu'il conviendrait d'y introduire. Il n'est pas besoin d'insister sur le caractère de pressante actualité et sur le grand intérêt de ce consciencieux et judicieux travail. »   (*Journal des Débats*.)

La Pédagogie au Lycée, *Notes de voyage sur les Séminaires de Gymnase en Allemagne*, par M. Ch. Chabot, professeur de science de l'Éducation à l'Université de Lyon. Un vol. in-18 jésus, br.   2 fr.

« M. Chabot, ayant eu une perception franche des milieux qu'il a traversés, nous en reproduit la physionomie avec l'art le plus direct et le plus nuancé. Si on s'occupe de notre enseignement, on ne peut ignorer son livre, et il faut y aller prendre une vive impression du travail des séminaires allemands. M. Chabot, par cet ouvrage, rend à la science pédagogique un service d'une rare portée. »   (G. Dumesnil. — *Revue internationale de l'Enseignement*.)

Pour la Pédagogie, par M. Georges Dumesnil, professeur à l'Université de Grenoble. Un vol. in-18 jésus, br. . . . .   3 fr. 50
Ouvrage couronné par l'Académie des Sciences morales et politiques.

« La récompense accordée à cet ouvrage a presque coïncidé avec des mesures administratives qui font, dans la préparation des futurs maîtres de nos enseignements secondaire et supérieur, une place considérable à la pédagogie. C'est là un événement d'une importance que tout le monde reconnaît et d'un caractère tout nouveau. Le livre de M. Dumesnil semble propre à jeter un jour sur le champ qui s'ouvre et où il s'agit d'entrer. » (*Revue pédagogique*.)

Congrès des Professeurs de l'Enseignement secondaire public : *Rapports généraux.*

Second Congrès (1898). 1 vol.	Cinquième Congrès (1902). 1 vol.
Troisième Congrès (1899). 1 vol.	Sixième Congrès (1903). 1 vol.
Quatrième Congrès (1900). 1 vol.	Septième Congrès (1904). 1 vol.

Chaque volume in-18 jésus, broché. . . . .   2 fr.

Revue Universitaire (15ᵉ Année), paraissant le 15 de chaque mois (sauf en août et septembre) : Éducation — Enseignement — Administration — Préparation aux Examens et Concours — Devoirs de classe — Bibliographie, etc.

ABONNEMENT ANNUEL (du 1ᵉʳ de chaque mois)

France. . . . . 10 fr. | Colonies et Union postale. . 12 fr.

Le numéro. . . . . 1 fr. 25

La *Revue Universitaire* est particulièrement destinée aux maîtres de l'Université française. Dirigée et rédigée par eux, elle réserve une place importante aux questions qui touchent aux intérêts du personnel et à celles qui se rattachent à la préparation professionnelle. Elle prend soin d'éviter les discussions pédagogiques stériles et s'attache surtout aux idées précises, bien définies, qui peuvent aboutir à des résultats pratiques. Ses *études littéraires et historiques*, son importante *bibliographie* en ont fait un instrument de travail à peu près indispensable au personnel enseignant.

ENSEIGN. SECOND. DES JEUNES FILLES

L'Éducation des Jeunes Filles, par M. Henri Marion, professeur à la Faculté des lettres de Paris. Un vol. in-18 jés., br.   3 fr. 50

« Marion a été l'un des fondateurs de l'Enseignement secondaire des jeunes filles. Toutes les parties de l'éducation des femmes et l'histoire même de cette éducation sont ici traitées dans un esprit très mesuré, très élevé et très net. C'est un ouvrage essentiel pour les mères de famille comme pour les maîtresses. »   (G. LANSON. — *Revue Universitaire.*)

« C'est un esprit large et libéral, surtout modéré et équilibré, qui inspire le livre de M. Marion. Cette sagesse, l'absence de toute théorie, et même d'érudition pédagogique qui fatiguerait autant qu'elle serait inutile, fait de ce livre un document précieux, dont on ne saurait se passer, quelque opinion que l'on ait sur l'éducation féminine. »   (P. MONET. — *L'Enseignement secondaire.*)

Psychologie de la Femme, par M. Henri Marion. Un volume in-18 jésus (3ᵉ Édition), broché. . . . . 3 fr. 50

« On sent dans ce livre les scrupules d'un esprit critique qui a partout fouillé en conscience, qui voudrait être assuré de ne rien omettre, et l'émotion d'un homme de cœur à qui l'éducation des femmes apparaît comme l'une des plus pressantes nécessités. »   (*Revue pédagogique.*)

« ... Il est regrettable que cette courte analyse oblige à omettre tant de détails heureux, de traits spirituels, de citations suggestives et à ne laisser que vaguement transparaître la courageuse loyauté, la clarté, la sincérité émue, la force persuasive de ces leçons où rayonne, dans son harmonieuse beauté, une âme d'élite. Notre littérature de psychologie morale s'est enrichie d'une œuvre qui restera. »   (*Revue philosophique.*)

De l'Éducation moderne des Jeunes filles, par M. Dugard (2ᵉ Édition). Une brochure in-16 (*Questions du Temps présent*).   1 fr.

La jeune fille moderne reçoit une double éducation : celle de l'école et celle de son milieu. Et ces deux éducations se heurtent de tous points. Quelle forme prend ce conflit, quelles en sont les suites, comment y pourrait-on remédier, telles sont les questions examinées dans ces pages avec une pénétration et une fermeté de pensée également remarquables.

BIBLIOTHÈQUE DES MAITRES

LITTÉRATURE, HISTOIRE LITTÉRAIRE

L'Art de dire *dans la Lecture et la Récitation, dans la Causerie et le Discours*, par M. **Jean Blaize**. Un vol. in-18 jésus, br.   3 fr. 50
Relié toile . . . .   4 fr. 50

« Le mouvement post-scolaire a suscité une légion de conférenciers, et ils seraient plus nombreux encore si beaucoup ne craignaient que leurs forces et leur habileté ne fussent pas à la hauteur de leur bon vouloir. C'est pour engager ces hésitants à triompher de leurs défiances, et aussi pour permettre aux autres d'être plus sûrs d'eux-mêmes, que M. Jean Blaize a écrit ce livre.... A accepter et à suivre ce guide qui s'offre à nous, nous pouvons tous trouver notre profit. »   *(Revue pédagogique.)*

Récits à dire *et comment les dire*, par M. **Jean Blaize**. Un vol. in-18 jésus de 434 pages, broché. . . . .   4 fr.

Conseils de diction. — Récits extraits de : Chénier, Chateaubriand, Balzac, Flaubert, Michelet, Lamartine, Alf. de Musset, Victor Hugo, Renan, Taine, Guyau, Alph. Daudet. Ém. Zola, Edgar Poë, Gogol, Korolenko, Tolstoï, P. Hervieu, H. Rosny, J. Renard, Sully Prudhomme, Catulle Mendès, Fr. Coppée, J. Richepin, A. Theuriet, M. Bouchor, Alb. Samain, etc. (Chaque texte est étudié au point de vue de la ponctuation orale, des liaisons, des inflexions, du ton, du mouvement, de l'expression du sentiment). — Liste de plus de deux cents autres récits. — Dictionnaire de prononciation, etc.

L'Art d'écrire *enseigné en vingt leçons*, par M. **Antoine Albalat**. Un volume in-18 jésus (12ᵉ ÉDITION), broché. . . . . . .   3 fr. 50
Relié toile. . . . .   4 fr. 50

« L'originalité de cet ouvrage, venant après tant d'autres du même genre, c'est d'être pratique. M. Albalat a réussi à condenser, en vingt chapitres, les principes essentiels de l'art du style. C'est un professeur précieux pour qui n'en a pas eu, ou a oublié les leçons du sien. Et l'extrême abondance d'exemples, de citations, de remarques précieuses et fines, rend son livre utile et agréable pour tout le monde. »   (P. SOUDAY. — *Le Temps*.)

La Formation du Style *par l'assimilation des Auteurs*, par M. **Antoine Albalat**. Un vol. in-18 jésus (4ᵉ ÉDITION), br.   3 fr. 50

« La *Formation du style* est l'œuvre d'un technicien, d'un professionnel, qui serait en même temps un lettré. Ce n'est pas un traité en forme, régulier et didactique, ou un code de préceptes généraux, et encore moins un recueil, une mosaïque de citations commentées ; c'est une suite de leçons, doctrinales et familières, sur l'art d'écrire, accompagnées d'un choix démonstratif. »
(H. CHANTAVOINE. — *Journal des Débats*.)

Le Travail du Style *enseigné par les corrections manuscrites des Grands Écrivains*, par M. **Antoine Albalat**. Un volume in-18 jésus (3° ÉDITION), broché . . . . 3 fr. 50

Ouvrage couronné par l'Académie française (Prix Saintour).

« M. Antoine Albalat a trouvé la bonne et sans doute la seule manière d'enseigner le style. Il montre et démontre par l'exemple. En outre, comme ses exemples sont tirés de nos meilleurs écrivains, il trouve la matière à autant de chapitres de la plus ingénieuse et de la plus piquante critique littéraire. »   *(Revue des Deux Mondes.)*

Le Vocabulaire français : **Mots dérivés du Latin et du Grec,** par M. **I. Carré**, inspecteur général honoraire. — ÉDITION COMPLÈTE. Un vol. in-18 de 600 p., br., 4 fr. 25 ; rel. toile, tr. rouges. 5 fr. 50

Cet ouvrage constitue à la fois un instrument de travail méthodique et un instrument de recherches. Très complet et d'un maniement très commode, il s'adresse à tous ceux, qu'ils aient ou non pratiqué les langues anciennes, qui veulent étendre dans tous les sens et préciser leur connaissance du vocabulaire, trouver facilement et rapidement le sens exact et l'origine d'un mot.

Dictionnaire-manuel-illustré des Idées suggérées par les Mots, contenant *tous les mots de la langue française groupés d'après le sens*, par M. **Paul Rouaix**, professeur au lycée Henri IV. Un volume in-18 jésus (3° ÉDITION), rel. toile, tr. rouges. . 6 fr.

« Ce livre rendra des services dans l'enseignement, en permettant aux maîtres des sortes de thèmes français qui habitueront l'élève à la connaissance du vocabulaire. Les personnes qui, soit par métier, soit par occasion, sont obligées à écrire, le consulteront avec profit, dans ces minutes d'hésitation où le mot que nous cherchons nous échappe. »   *(Nouvelle Revue.)*

Dictionnaire-manuel-illustré des Écrivains et des Littératures, par M. **Frédéric Loliée**, avec la collaboration de M. **Charles Gidel**. In-18, *300 gravures* (2° ÉDITION mise à jour), relié toile, tranches rouges. . . . . 6 fr.

« Ce dictionnaire aisé, maniable, fournit promptement et sûrement la notion la plus exacte de la valeur de chaque écrivain, le résumé le plus succinct de l'histoire intellectuelle de chaque peuple. » *(Revue des Deux Mondes.)*

« Sans pédantisme, en de simples notices qui sont le plus souvent des portraits, MM. Loliée et Gidel nous renseignent sur tout ce qu'il est nécessaire de savoir des littératures et des écrivains. Leur ouvrage, qui s'adresse au public tout entier, sera bientôt dans toutes les mains. » *(Revue de Paris.)*

Revue d'Histoire littéraire de la France (13° ANNÉE). Recueil trimestriel publié par la *Société d'Histoire littéraire de la France.*

ABONNEMENT ANNUEL (de Janvier).

France. . . . . 22 fr. | Colonies et Union postale. . 25 fr.
Le numéro. . . . . 6 fr.

MORALE, PSYCHOLOGIE, ÉDUCATION

Cours de Morale, destiné aux Maîtres de l'Enseignement primaire et de l'Enseignement secondaire, par M. **Jules Payot,** agrégé de philosophie, docteur ès lettres, recteur de l'Académie de Chambéry. Un volume in-18 jésus (4° ÉDITION), broché. . . . **2 fr. 50**
Relié toile souple. . . . . **3 fr. »**

« Ce livre d'énergie et de bonté est d'un penseur qui a vécu et lutté. C'est la doctrine solidariste et la doctrine rationaliste qu'il affirme. Pensée libre et altruisme en dehors de tout dogme : c'est là le fond du système d'inspiration nettement laïque que M. J. Payot introduit dans l'école. » (ÉDOUARD PETIT.)

« M. Jules Payot nous apporte une œuvre originale et longuement mûrie. Il évite tout dogmatisme arbitraire en posant un idéal assez large pour rallier tous les hommes de bonne volonté. » (GABRIEL SÉAILLES.)

La Culture morale, par **M. Dugard,** professeur au lycée Molière. Un volume in-18 jésus (4° ÉDITION), broché. . . . **3 fr.**

« Voici un livre qui manquait et qui sera le bienvenu des maîtres et des élèves, de tous ceux qui apprécient plus l'exemple que la démonstration, les citations originales que les sèches analyses. Nous le recommandons aussi à ceux de nos lecteurs qui aiment les œuvres substantielles et mûries, faisant notre âme plus belle et plus forte. » (La Lecture.)

Leçons de Morale, par M. **Henri Marion,** professeur à l'Université de Paris. Un vol. in-18 (13° ÉDITION), broché. . . . **4 fr.**

Cet ouvrage est plein de clarté comme la parole dont il est le reflet. Il donne, outre le fond même de l'enseignement classique en fait de morale, un résumé et des citations des plus grands moralistes. L'auteur a insisté partout avec un soin particulier sur ce qu'il importe le plus qu'un maître sache et médite pour concevoir et accomplir comme il faut sa tâche d'éducateur.

Leçons de Psychologie *appliquée à l'Éducation,* par M. **Henri Marion.** Un vol. in-18 jésus (11° ÉDITION), broché. . . **4 fr. 50**

Pour compléter la culture générale des intelligences et les faire remonter aux sources vives de la pédagogie, un enseignement véritable est nécessaire, ample et clair, simple à dessein, familier à l'occasion, et autant que possible vivant. Ces qualités étaient le propre de l'enseignement d'Henri Marion; elles survivent entièrement dans ce livre.

Le Corps et l'Ame de l'Enfant, par M. le Dr **Maurice de Fleury.** Un vol. in-18 jésus (6° ÉDITION), broché. . . . . **3 fr. 50**
Relié toile. . . . . **4 fr. 50**

« Pour le bonheur présent et futur des enfants, je voudrais voir entre toutes les mains le livre du Dr Maurice de Fleury. » (Nouvelle Revue.)

« Voilà un livre qui saura se faire lire et aimer. Mieux que tout autre, il met le lecteur au courant des notions les plus neuves et les plus sages sur l'hygiène physique, intellectuelle et morale de la seconde enfance. Il est écrit, non seulement avec clairvoyance, mais encore avec éloquence et tendresse. » (Le Temps.)

Nos Enfants au Collège (*Le Corps et l'Ame de l'Enfant*), par M. le Dr Maurice de Fleury. Un vol. in-18 jésus, broché. 3 fr. 50

« Dans ce beau livre, l'auteur qui est à la fois un savant éminent, un philosophe et un très tendre père, examine sous toutes ses faces la question de l'instruction dans nos écoles. Je voudrais voir tous ceux qui ont la charge si périlleuse de préparer des existences d'hommes, lire et méditer les enseignements du Dr Maurice de Fleury. »   (*Le Figaro.*)

Notions élémentaires d'Hygiène pratique, par M. le Dr Galtier-Boissière. Un vol. in-18, 270 gravures et 8 planches en couleur (7e Édition), br. 3 fr. 50; relié toile. . . . . 4 fr.

Cet ouvrage est un *vade-mecum* familial où l'on trouve tous les renseignements de médecine usuelle, les recettes pharmaceutiques indispensables, un résumé des soins et précautions concernant les asphyxiés et les noyés, des indications précieuses pour reconnaître les falsifications alimentaires, etc. C'est une exposition claire et nette des règles élémentaires de l'hygiène.

Une Maison bien tenue. *Conseils aux jeunes maîtresses de maison*, par Mme Marie Delorme. Un vol. in-18 jésus, br. 3 fr. 50

Relié toile. . . . . 4 fr. 50

« Il faut souhaiter que ce précieux volume devienne le *vade-mecum* des jeunes maîtresses de maison. Elles y trouveront la solution de toutes les difficultés, petites et grandes, que la vie de chaque jour pose à une femme qui entend diriger effectivement le train de sa maison. Nul pédantisme d'ailleurs; une bonne grâce aimable et une verve des plus amusantes au service du jugement le plus sûr. »   (*Journal des Débats.*)

ÉDUCATION CIVIQUE, PHILOSOPHIE

Les Affirmations de la Conscience moderne, par M. Gabriel Séailles. Un vol. in-18 jésus (3e Édition), br. 3 fr. 50

« Le nom de l'auteur suffirait à recommander ce livre à tous ceux qui, dans une phrase harmonieuse, cherchent une pensée. Mais il faut que le présent ouvrage soit signalé au grand public. Il traite d'un sujet qui ne doit laisser aucun de nous indifférent, et il le fait sur un ton qui concilie le respect de toutes les convictions avec la hardiesse de toutes les libertés.... Ce livre est sérieux, profond, clair et accessible à tous. »   (*Revue de Paris.*)

Éducation ou Révolution (*Les Affirmations de la Conscience moderne*), par Gabriel Séailles, Un vol. in-18 jésus, br. 3 fr. 50

Après avoir, dans les *Affirmations de la Conscience moderne*, précisé l'idéal laïque qui remplace dans la pensée contemporaine les dogmes abolis, M. Gabriel Séailles tend à montrer que, pour réaliser cet idéal, il faut que la démocratie soit essentiellement et avant tout une éducation. De quel esprit doit s'inspirer cette éducation, sur quels principes elle s'appuie, c'est ce qu'il expose ici en des pages de haute et sereine raison, éloquentes sans rhétorique, et qui s'imposent au cœur et à l'esprit avec une remarquable puissance.

Solidarité, par M. **Léon Bourgeois.** Un vol. in-18 jésus (5ᵉ ÉDITION), broché. . . . . **3 fr.**

« Cette thèse de M. Léon Bourgeois, si simple et si forte en sa nouveauté, obtint un grand retentissement lors de sa publication en 1898. Depuis, l'auteur n'a laissé passer aucune occasion de préciser, de compléter sa doctrine. Il a ajouté au texte primitif des morceaux inédits qui en augmentent encore la haute portée et l'intérêt considérable. »   (*Le Temps.*)

Les Écrivains politiques du XVIIIᵉ siècle (*Extraits*), par MM. **Albert Bayet** et **F. Albert.** Un volume in-18, broché.   **3 fr.**

MM. Bayet et Albert se sont proposé de rendre plus accessible au grand public cette philosophie politique du xviiiᵉ siècle d'où sortit la Révolution française. Leur ouvrage comprend, avec une ample et riche introduction, des extraits de Pierre Bayle, l'abbé de St-Pierre, Montesquieu, Voltaire, l'Ency-clopédie, Diderot, Helvétius, d'Holbach, J.-J. Rousseau, Mably, Turgot, Raynal, etc., etc.

Manuel républicain de l'Homme et du Citoyen, de **Charles Renouvier.** — *Nouvelle édition,* publiée avec une notice sur Ch. Renouvier, un commentaire et des extraits de ses œuvres, par M. **Jules Thomas,** professeur de philosophie au lycée de Pau. — Un volume in-18 jésus, broché. . . . . **3 fr. 50**

Ce livre, composé par l'un des plus grands penseurs dont la France s'honore, était destiné à instruire de leurs devoirs et de leurs droits les citoyens de 1848. Il avait le *mérite de faire précéder la pratique républicaine d'une théorie aussi simple que forte des principes auxquels doit se reporter le gouvernement du peuple par lui-même.* On peut dire qu'après un demi-siècle, il est encore d'une urgente actualité.

La Mutualité. *Ses principes, ses bases véritables,* par M. **F. Lépine,** inspecteur de l'Enseignement primaire. Un volume in-18 jésus, broché. . . . . **3 fr. 50**

« M. F. Lépine apporte dans son livre un esprit nouveau. Ce sont des vues d'avenir qu'il expose avec une indéniable et profonde connaissance des questions de la mutualité. Tous ceux qu'intéressent les solutions à donner aux problèmes soulevés par l'administration des Sociétés de secours mutuels devront lire très attentivement cet ouvrage. »   (*Journal des Débats.*)

Les Sociétés coopératives de consommation, par M. **Charles Gide,** professeur d'Économie sociale à la Faculté de droit de Paris. Un volume in-18, relié toile souple.. . . . . . . **2 fr. 50**

« L'auteur a voulu « expliquer aussi clairement que possible ce que c'est qu'une société coopérative de consommation, comment elle vit, ce qu'elle fait, ce qu'elle veut, quelles ambitions la travaillent, quelles préoccupations la tourmentent, quelles dissensions la ruinent ». Son ouvrage sera un instrument remarquable de propagande. »   (*Ch. Guieysse. — Pages libres.*)

Pages éparses, par M. **Louis Liard,** membre de l'Institut, vice-recteur de l'Académie de Paris. Un vol. in-18 jésus, broché. **3 fr.**

« La multiplicité des sujets traités donne à ce livre une variété des plus agréables. Tour à tour s'élevant, à propos de Pasteur, à de hautes considérations philosophiques; prenant ailleurs, pour parler des Universités, le ton de la plus large pédagogie, ce volume est de nature à intéresser non seulement les maîtres de nos divers degrés d'enseignement, mais aussi les élèves des classes supérieures. Il contient à plus d'une page des leçons de morale, de démocratie ou d'humanité, d'une haute portée ». (*L'Enseignement secondaire.*)

Aux jeunes gens. *Quelques conseils de morale pratique,* par M. **P. Malapert.** Un vol. in-18 jésus (4ᵉ ÉDITION), broché. **2 fr.**

Ouvrage couronné par l'Académie des Sciences morales et politiques.

« Que les professeurs des hautes classes, que les administrateurs de nos établissements d'enseignement lisent ces pages; qu'ils réfléchissent à l'utilité, à l'opportunité de semblables conseils; qu'ils en fassent part à leurs élèves.... Je voudrais voir ce petit volume de morale vraiment pratique, sinon entre les mains de tous les candidats aux écoles, du moins dans toutes les bibliothèques des classes supérieures. » (*Bulletin critique.*)

Le Vocabulaire philosophique, par M. **Edmond Goblot,** docteur ès lettres, professeur à l'Université de Lyon. Un vol. in-18 jésus, relié toile, tranches rouges. . . . . **5 fr.**

« Il arrive souvent que l'étudiant, le professeur même, sont arrêtés au cours d'une lecture par des mots dont le sens précis leur échappe. L'ouvrage de M. Goblot y pourvoira.... Cet ouvrage marque un progrès sur les précédents manuels : il est moins élémentaire et plus complet. Rédigé dans une langue claire et simple, résumant brièvement tout en n'omettant rien, il présente des qualités particulièrement remarquables. » (*Revue de Philosophie.*)

Revue de Métaphysique et de Morale (14ᵉ ANNÉE), paraissant tous les deux mois : Métaphysique — Morale — Sociologie — Philosophie des sciences — Logique scientifique — Études critiques — Questions de l'Enseignement, etc. — Secrétaire de la rédaction : M. **Xavier Léon.**

ABONNEMENT ANNUEL (de janvier)

France. . . . . 12 fr. | Colonies et Union postale. . 15 fr.
Le numéro. . . . . 3 francs.

Bulletin de la Société française de Philosophie (6ᵉ ANNÉE), paraissant chaque mois, de janvier à août (8 numéros par an). — Administrateur : M. **Xavier Léon.** — Secrétaire général : M. **André Lalande.**

ABONNEMENT ANNUEL (de janvier)

France. . . . . 8 fr. | Colonies et Union postale. . 10 fr.
Le numéro. . . . . 1 fr. 50

Les abonnés à la *Revue de Métaphysique* ont droit à une réduction de 2 fr. sur le prix de l'abonnement au *Bulletin de la Société française de Philosophie.*

SCIENCES — AGRICULTURE

Dictionnaire encyclopédique illustré Armand Colin.

Un vol. in-4° (19ᵐ larg., 24ᵐ haut., 6ᵐ 1/2 épaiss.), relié toile *rouge* ou *orange*, fers spéciaux d'après Ruty (*indiquer la couleur de la reliure toile choisie*). . . . . **10 fr.**
Avec reliure demi-chagrin, plats toile. . . . . **14 fr.**

1.030 pages. — 85.000 mots. — 200.000 lignes. — 9.500 articles encyclopédiques. — 300 cartes et plans. — 4.500 gravures. — 25 planches de style. — 100 tableaux et graphiques. — Planches en couleur hors texte. — 350 portraits. — Armes de villes. — Alphabets des langues mortes et vivantes, etc.

Dictionnaire-manuel-illustré des Sciences usuelles, par

M. E. Bouant, professeur agrégé au lycée Charlemagne. Un vol. in-18 (7ᵉ Édition), *2 500 gravures*, rel. toile, tr. rouges. . . . **6 fr.**

Astronomie. — Mécanique. — Art militaire. — Physique. — Météorologie. — Chimie. — Biologie. — Physiologie. — Zoologie. — Botanique. — Géologie. — Minéralogie. — Médecine. — Hygiène. — Agriculture. — Industrie, etc.

Dictionnaire-manuel-illustré des Connaissances pratiques, par M. E. Bouant. Un vol. in-18 jésus (5ᵉ Édition),

1600 gravures, rel. toile, tr. rouges. . . . . **6 fr.**

Médecine pratique. — Économie domestique et rurale. — Jardinage. — Chasse. — Pêche. — Cuisine. — Recettes pratiques. — Jeux, Sport, Villes d'eaux et de bains de mer. — Savoir-vivre. — Législation usuelle. — Administration. — Finances. — Assurances. — Écoles spéciales. — Professions et Métiers.

Dictionnaire-manuel-illustré d'Agriculture, par M. Daniel

Zolla, professeur à l'Ecole nationale d'Agriculture de Grignon, avec la collaboration de MM. J. Tribondeau, Charvet, Ch. Julien et Carré. Un vol. in-18 jésus, *1900 gravures*, rel. toile, tr. rouges. **6 fr.**

Agriculture. — Arboriculture. — Horticulture. — Sylviculture. — Viticulture. — Élevage : animaux domestiques et oiseaux de basse-cour. — Abeilles. — Vers à soie. — Insectes. — Maladies des animaux et des plantes. — Engrais. — Constructions rurales. — Législation usuelle. — Industrie agricole.

Album agricole (32 leçons avec texte en regard des planches

contenant *600 figures*), publié sous la direction de M. Daniel Zolla, par MM. A. Jennepin et Ad. Herlem, directeurs d'Ecoles publiques. Un album in-4° carré (2ᵉ Édition), cart. . . **2 fr. 25**

Le sol. — La plante. — Fertilisation du sol. — Les eaux. — Matériel agricole. — Céréales. — Prairies naturelles. — Prairies artificielles. — Plantes, racines ; plantes à tubercules ; industrielles. — Animaux domestiques. — Pisciculture. — Sériciculture. — Horticulture. — Culture potagère. — Plantes pour boissons. — Jardins d'ornement. — Plantes médicinales. — Economie rurale.

Revue générale des Sciences pures et appliquées (17ᵉ Année),
paraissant les 15 et 30 de chaque mois. — Directeur : M. **Louis Ollivier**, docteur ès sciences.

ABONNEMENTS (du 15 de chaque mois)

Six mois : Paris..	11 fr.	*Un an* : Paris.	20 fr.
— Dép. et Alsace-Lorr.	12 fr.	— Dép. et Alsace-Lorr..	22 fr.
— Colon. et Union post.	13 fr.	— Colon. et Union post.	25 fr.

Le numéro............. 1 fr. 25

Annales de Géographie (15ᵉ Année), publiées sous la direction
de MM. **P. Vidal de la Blache, L. Gallois et Emm. de Margerie**, assistés d'un Comité de patronage; paraissant les 15 janvier, 15 mars, 15 mai, 15 juillet et 15 novembre. Les abonnés reçoivent gratuitement la *Bibliographie géographique annuelle* qui paraît le 15 septembre.

ABONNEMENT ANNUEL (de janvier)

France.............. 20 fr. | Colonies et Union *postale*... 25 fr.
Chaque numéro, 4 fr. — *Bibliographie géographique annuelle*, 5 fr.

Chaque année des *Annales de Géographie* forme un vol. in-8, br. Prix. 20 fr. (La *1ʳᵉ* année est incomplète; les 6ᵉ, 7ᵉ, 8ᵉ et 13ᵉ ne sont pas vendues séparément.) *Première Table décennale* des *Annales de Géographie* (1891-1901), in-8°, br. 4 fr. *Bibliographies* de 1893 à 1903. Chacune.., ... 10 fr.

DROIT ET ÉCONOMIE POLITIQUE

La Pratique des Affaires (*Droit civil et Droit fiscal*), par
M. **P. Mégis**, ancien sous-inspecteur de l'enregistrement de 1ʳᵉ classe, receveur des actes civils et successions à Sens. — NOUVELLE ÉDITION (5ᵉ) *mise au courant de la Législation.* — Un vol. in-18 de 500 pages, relié toile, tranches rouges... 5 fr.

Cet ouvrage est écrit sous forme de dictionnaire. Il a pour but, en suppléant aux traités de droit civil et à l'entremise des officiers ministériels, de permettre à chacun de faire lui-même au moins ses affaires les plus simples : bail, vente, échange, hypothèque, testament, etc., etc. Il s'adresse donc au public en général, à tous ceux qui débutent dans l'étude et la pratique du droit, et, tout particulièrement, aux personnes appelées à donner des conseils dans les affaires : maires, instituteurs, secrétaires de mairie, experts, etc.

Vocabulaire-manuel d'Économie politique, par M. A. Ney-
marck, ancien président de la Société de statistique de Paris. Un volume in-18 jésus, relié toile, tranches rouges.... 5 fr.

« M. Neymarck a réuni dans ce vocabulaire-manuel un certain nombre de définitions, de citations, d'indications se rapportant à l'étude de la science économique, et il a réussi à éclairer ce qui pouvait sembler obscur dans les savantes encyclopédies. Nous ne saurions donc trop recommander l'ouvrage de M. Neymarck à tous ceux qui, par goût, par profession, ou seulement en vertu des exigences des programmes universitaires, étudient l'économie politique et les finances. » *(Le Temps.)*

ENQUÊTES ET INFORMATIONS

L'ÉDUCATION ET LA SOCIÉTÉ EN ANGLETERRE
Ouvrage couronné par l'Académie française (Prix Marcelin-Guérin).

L'Éducation des classes moyennes et dirigeantes en Angleterre, par M. **Max Leclerc**, avec un Avant-propos par M. E. BOUTMY, de l'Institut. Un vol. in-18 (4° ÉDITION), br. . **4 fr.**

« M. Max Leclerc a cherché ce que font la famille, l'État, l'école pour former les classes qui constituent l'élite politique, intellectuelle, industrielle, commerciale de l'Angleterre et qui ont fait la grandeur prodigieuse de ce petit pays. Le résultat de cette enquête, poursuivie avec une patience et une sagacité rares, est bien fait pour troubler les idées de la pédagogie continentale ». »   (*Revue de Paris.*)

Les Professions et la Société en Angleterre, par M. **Max Leclerc**. Un volume in-18 jésus (2° ÉDITION), broché. . . . **4 fr.**

« Ce livre de M. Max Leclerc est une remarquable contribution à cette science nouvelle que les Allemands appellent la psychologie des peuples. Je crois qu'en France on n'a jamais rien écrit de plus pénétrant et de plus réfléchi sur les mœurs et le caractère des Anglais. »   (*Journal des Débats.*)

PUBLICATIONS DU MUSÉE PÉDAGOGIQUE

L'Enseignement des Langues anciennes et modernes dans l'Enseignement secondaire des Garçons en Allemagne, par M. H. BOURRECOUE, professeur adjoint à l'Université de Lille. Un volume in-8, broché. . **4 fr. 50**

La Préparation professionnelle à l'Enseignement secondaire (France, Allemagne, Angleterre, Italie, Autriche, Suisse, Pays-Bas, Russie, etc.), par M. CH.-V. LANGLOIS, directeur du Musée pédagogique. Un volume in-8, broché. . . . . (*épuisé*)

Traitements des Instituteurs et des Institutrices à l'Étranger, par M. V.-H. FRIEDEL, archiviste de l'*Office d'Informations*. In-8, broché. . **3 fr. 50**

Les Œuvres auxiliaires et complémentaires de l'École en France, par M. MAURICE PELLISSON, inspecteur d'Académie. In-8, broché. . . **3 fr.**

Le Régime de l'Enseignement supérieur des Lettres. *Analyse et critique*, par M. CHARLES SEIGNOBOS, professeur adjoint à l'Université de Paris. In-8, broché. . . . . . **4 fr.**

L'Enseignement des Sciences mathématiques et des Sciences physiques : Conférences du *Musée pédagogique* (1904), par MM. H. POINCARÉ, G. LIPPMANN, L. POINCARÉ, P. LANGEVIN, E. BOREL, F. MAROTTE, avec une Introduction par M. L. LIARD. Un volume in-8, broché. . . **5 fr.**

L'Enseignement des Sciences mathématiques et physiques dans l'Enseignement secondaire des garçons en Allemagne, par M. F. MAROTTE, professeur au lycée Charlemagne. In-8, broché. **2 fr. 50**

TABLE DES OUVRAGES

Tous ces ouvrages sont expédiés franco au prix marqué, contre envoi de leur montant, en un mandat postal, à l'adresse suivante : Librairie Armand Colin, 5, rue de Mézières, Paris, 6°. — *Nos publications sont en vente chez tous les libraires.*

277-06. — Coulommiers. Imp. Paul BRODARD. — 2-06.